带班高手
防守策略

〔日〕三好真史◎著　楚永娟◎译

北京科学技术出版社

MAMORU GAKKYU KEIEI by Shinji Miyoshi

Copyright © Shinji Miyoshi, 2023

All rights reserved.

Original Japanese edition published by TOYOKAN PUBLISHING CO., LTD., Tokyo.

This Simplified Chinese language edition is published by arrangement with TOYOKAN PUBLISHING CO., LTD., Tokyo in care of Tuttle-Mori Agency, Inc., Tokyo through Pace Agency Ltd., Jiang Su Province.

Chinese (Simplified characters only) translation rights © 2025 Beijing Science and Technology Publishing Co., Ltd.

著作权合同登记号　图字：01-2024-4197

图书在版编目（CIP）数据

带班高手 . 防守策略 / （日）三好真史著；楚永娟译 . -- 北京：北京科学技术出版社，2025. -- ISBN 978-7-5714-4168-5

Ⅰ . G424.21

中国国家版本馆 CIP 数据核字第 2024SU9709 号

策划编辑：唱　怡
责任编辑：唱　怡
责任校对：贾　荣
图文制作：李佳妮
责任印制：吕　越
出 版 人：曾庆宇
出版发行：北京科学技术出版社
社　　址：北京西直门南大街 16 号
邮政编码：100035
电　　话：0086-10-66135495（总编室）　 0086-10-66113227（发行部）
网　　址：www.bkydw.cn
印　　刷：北京顶佳世纪印刷有限公司
开　　本：889 mm × 1194 mm　1/32
字　　数：70 千字
印　　张：7.5
版　　次：2025 年 4 月第 1 版
印　　次：2025 年 4 月第 1 次印刷
ISBN 978-7-5714-4168-5

定　　价：69.00 元

序 章

　　究竟该如何进行班级管理，这个问题是不能一概而论的。因为一个班集体，既可能正向发展，也可能负向发展。如果班级发展趋向良性，需要继续引导其持续向好；反之，如果趋向恶性，就需要阻止其持续恶化。

　　教师在不了解班级状态的情况下盲目教导学生，有可能南辕北辙，造成无法挽回的局面。例如，导致班级管理混乱、师生关系恶化、同学关系出现隔阂等情况出现。在这种情形下，即使教师把"努力发现同学的优点，下次课要以此为题发言"作为实践作业布置下去，效果也必定不理想，甚至可能导致班级气氛更为紧张。

　　或许该班主任是看到其他班级的这项实践作业效果很好，于是打算在自己班级也进行尝试，却忘了将自己班级的实际情况考虑进去。不符合班级实际情况的盲目实践，只会导致班级状态进一步恶化。这种盲目模仿，结果却不尽如人意的行为，可以说是"自讨苦吃"。

事态的发展如果趋于负向，需要及时纠偏；反之则需要助其发展。**据此，我认为班级管理可以归纳为两种类型："进攻型班级管理"与"防守型班级管理"。**

"进攻型班级管理"要求稳中求进，引导班级状态持续向好；"防守型班级管理"则要求拨乱维稳，防止班级秩序进一步恶化。

本书主要探讨如何进行"防守型班级管理"。通过阅读本书，你将有以下收获：

- 能够重新定位教师角色；
- 能够使师生关系更加融洽；
- 能够有效防止班级秩序恶化；
- 学会培养学生的学习能力；
- 能够应对班级秩序混乱的局面；
- 可以识破学生的谎言。

如果班级已经出现难以控制的负面迹象，教师该如何防止班级秩序持续恶化，有效"防守"呢？让我们一起思考改善的方法吧！

目　录

第一章

重新定位教师角色

第一节
如何成为"好老师"

研究理想的教师形象

任何一名教师，都希望自己成为"更好的老师"吧？但是，你可能又有自己的担心："我生性内向，不适合当老师吧？""我举止粗鲁，不适合从事教育工作吧？""我过于敏感，容易焦躁，不适合当老师吧？"

其实，你大可不必为此烦恼。在一百多年前的1920年，就已经有学者开始对"何为理想的教师"进行研究。研究总结了工作成绩不够突出的教师的特点，由此反向推出了"理想的教师形象"。**研究得出的结论是：成为优秀的教师，并不需要具备某种特定的品质。**无论你是内向型的还是外向型的，是敏感型的还是粗枝大叶型的，都不影响你成为一名"好老师"。

那么，一名优秀的教师究竟应该具备怎样的特质呢？

学生对教师的"第一印象效应"

在以色列的一项研究中，研究者向高中生展示 10 秒他们素未谋面的教师的影像，然后让这些高中生对影像中教师的教学方式进行评价。尽管参与研究的学生与影像中的教师既没见过面，也没说过话，但是他们给出的评价结果却与该教师实际所教学生所做的评价出奇地相似。

研究结果表明，学生竟然可以在惊人的短短 10 秒内对眼前的教师做出评价。这种现象被称为"第一印象效应"。

教师与学生在教室共同度过的时间远远超过10秒，但在此后长时间的相处过程中，学生都只不过是在不断调整自己对教师的第一印象。当教师的行为与第一印象相符时，第一印象就会得到强化；而不相符时，第一印象就会被修正。

那么，教师如何才能给学生留下良好的第一印象呢？诀窍就是一定要保持"积极开放的态度"。下列行为可供参考：

> ·在教室里来回走动；
>
> ·毫不拘束地面对学生；
>
> ·经常面带微笑；
>
> ·直接与学生进行目光交流；
>
> ·话语中饱含鼓励。

上述行为，与面向全体学生相比，单独针对某名学生有的放矢效果更佳。也就是说，在课堂中，学生更看重教师是如何对待"我"这一个体的。

🗒 "如何讲"更重要

教师在授课过程中还要注意语言表述，与"讲什么"

相比，"如何讲"更重要，因为师生交流时，学生更加关注其中的非语言因素，如教师说话时的声调、讲解时的方式等。

伊莱沙·巴巴德（Elisha Babad）博士曾经进行过关于"教师的非语言行为特征对课堂的影响力"的调查，调查发现：

> 教师的非语言行为虽然是微妙、含蓄的，但对学生的影响是强烈的。

教师力等于沟通力

与教师的性格相比，学生更重视教师如何与自己沟通、课堂的氛围如何等。**也就是说，学生更关注教师在沟通时的姿态。**学生不太关注教师本人的人品与性格。能提升与学生沟通能力的教师，才有可能成为更加优秀的"好老师"。

第二节
读懂学生的表情语言

非语言沟通

那么，教师应该如何提高自己的沟通力呢？要想进行高水平的"非语言沟通"，关键是要学会从对方的表情、动作中读懂其情感表达。注意到学生微妙的表情变化，并结合相关知识，你便可以捕捉到其心理与情感诉求。

表情是心灵的镜子

一个人的各种面部表情，映射了其内心复杂的情绪。所谓表情，是人类在演化过程中获得的、面对眼前发生的事情时反射神经所做出的一种本能反应。例如，人在吃惊时下意识地睁大双眼，其实是为了扩大视野，以便更好地看清周围环境。因此，即使你想隐藏内心的想法，它们也会由于情感或思考的反射神经的作用，通过表情显露出来。大人多多少少可以做到表情管理，但是儿童大多都会将情绪真实地呈现在表情中，因此儿童的表情语言更容易被解读。

读懂 7 种表情语言

美国心理学家保罗·艾克曼（Paul Ekman）曾经做过表情相关的实验，提出了面部表情分析系统（Facial Action Cording System）学说。**他将普遍而又特定的情感划分为 7 种基本类型：惊讶、恐惧、轻蔑、愤怒、厌恶、悲伤、快乐。**让我们来看看这 7 种情感分别对应哪些不同的表情特征。

你如果边了解相关内容边照镜子做出相应的表情，理解起来效果会更好。了解这些表情特征，你可以更好地读懂学生的表情语言。

①惊讶：眉毛上扬

人在吃惊的时候，眉毛会突然上扬，前额出现横纹；眼睛瞪大，上下眼距变宽，露出更多眼白；此外，下颌下沉，嘴略微张开。

②恐惧：眉头紧皱，嘴角歪斜

人在恐惧时，会和感到惊讶时一样，眉毛上扬，但眉头会紧皱，有时眉形呈平直状态或仅有嘴角略微歪斜。教师在教导学生时，如果发现学生出现这种面部表情，需要特别注意是否是自己让学生产生了恐惧。

③轻蔑：只一侧脸表情发生变化

人在表达轻蔑时，通常只有一侧脸表情发生变化，表现为一侧嘴角收紧并且微挑，还会下巴略抬，眼睛微眯。教师同样需要特别留意，学生是否对自己抱有"轻蔑"的态度。

惊讶　　　　　　　　恐惧　　　　　　　　轻蔑

④愤怒：眉头下沉，眉间出现皱纹

人在愤怒时，前额不会出现横纹，但是眉头下沉，眉间经常出现纵纹。还会下颌前凸，双唇紧闭。这种表情容易模仿，因此教师可以故意做出愤怒的表情，将其作为"我现在很生气"的信号释放给学生。

⑤厌恶：鼻梁出现皱纹，上嘴唇紧绷

如果一个人在表达自己的厌恶之情，那么，鼻梁上必定出现皱纹，上嘴唇紧绷，有时伴有下嘴唇紧绷或前凸，或者眉头下沉。当你告知活动内容说"今天我们将……"时，如果有学生做出这种表情，那么表示该学生可能对课堂内容有抵触情绪。

愤怒　　　　　　　　厌恶

⑥悲伤：没有精气神，呆滞

人在沮丧、失望时，会失去活力，表情会显得没精神，人会变得不想动。眉头略微扬起，眉间产生纵纹，视线下移，嘴角下沉。人在面对巨大的悲伤时，下眼皮也可能稍显紧张。如果出现这种表情，那么说明学生可能在家中或班级中遇到了难题。

⑦快乐：眼睛在笑

眼睛能传达人的喜悦。笑容可以分为真笑和假笑，判断的标准便是眼睛是否在笑。如果只是嘴角在笑，那么可能是在为迎合朋友或者氛围而假笑。

悲伤　　　　　　　　　　快乐

　　在"防守型班级管理"中，教师有时很难猜透学生的心理。正因如此，教师才需要学会通过学生的表情，洞悉其心理与情绪，以便更好地与学生沟通。

第三节
识别学生的身体语言

📜 身体前倾度会透露兴趣度

我们在倾听别人讲话时的姿势，很容易显露出自己的心情。

例如，在课堂上，如果一个学生身体前倾，那么他可能正饶有兴趣地认真听讲；相反，如果一个学生身体靠在椅背上，双脚向前伸，那么他可能认为讲解不够生动，或者对教师讲授的内容不感兴趣；如果一个学生以手托腮坐着，身体左倾或者右倾，那么他此时很可能没有理解授课内容。

美国心理学家阿尔伯特·梅拉宾（Albert Mehrabian），

在 1972 年以实验证明了上述现象。**也就是说，倾听者身体的前倾度与其对话题的兴趣度成正比。**因此，教师可以通过学生的身体姿势判断他们对授课内容的兴趣度。

📜 颈部的姿势会透露信赖度

动物的颈动脉位于颈部，因此颈部属于动物的薄弱部位。你可以根据对方是否露出颈部揣测其心理。

将头偏向一侧并露出颈部，可以理解为"信任教师"，或者"服从"令其感到有压力的人。相反，学生如果低头并让下巴遮住颈部，那么可能对教师保持着警惕，感到不安从而下意识地做出了防御性姿势。

此外，人只有在认为对方不足为惧时才敢于露出自己的薄弱部位。因此，一个人将头部向后仰，抬起下巴并露出喉结，那么可以将此行为视为他轻视对方的表现。教师需要注意做出此种姿势的学生，因为他可能对教师存在逆反心理。

第四节
活用敏感的优势

钝化痛苦度

你是敏感教师，还是钝感教师？作为教师，究竟哪种类型更具有优势呢？

为了叙述方便，本书采用"敏感教师"与"钝感教师"的表达。

表面看来，钝感教师工作起来更轻松，因为他们即使被领导批评也不在意，不会被霸凌，无所畏惧……也许很多敏感教师会对过着这种洒脱生活的老师投以羡慕的目光。

但是，既然身为教师，"敏感"也是相当好的武器。

敏感教师更容易与学生建立起密切的师生关系，而这对钝感教师来说却比较困难。

凯洛格管理学院的罗兰·诺德格伦（Loran Nordgren）教授提出：

> "人们习惯低估社会性痛苦的程度，只有亲身经历过社会性痛苦，才能纠正这种判断的偏颇。"

钝感教师习惯了平凡度日，也很少因人际关系不佳而受伤。正因如此，他们难以"想象别人内心的痛苦"。例如，从未遭受过霸凌的钝感教师，很难理解被霸凌学生的痛苦，这类教师乐观地认为学生"没必要那么消沉""过去就好了"；这类教师没有经历过与朋友发生矛盾时内心的痛苦，不会用心处理学生之间的纠纷，认为朋友之间"没有必要那么计较"。

总之，钝感教师习惯低估痛苦这一情感的强度。

与之相对，敏感教师则容易受伤。**敏感教师情感细腻，因此对学生的痛苦能够产生共情。**自己儿时曾经遭受霸凌的敏感教师，更容易走进学生的内心，靠近学生，使学生感受到被理解。面对因为无法很好地发言而感到手足无措的学生，敏感教师能够耐心地安慰他："没关系，老师也会紧张的，我能理解你。"

📜 低估自己的影响力

内心是敏感还是钝感，这会影响教师的教学方式。

钝感教师很少惧怕权威。即使被领导批评"怎么又是你们班出现问题！"，也会反驳："怎么了？是我的错吗？"如此云云。**他们往往会低估自己的影响力。**例如，在严厉批评或者训斥学生后，学生情绪沮丧。在这一点上，钝感教师往往低估自己的影响力。看到学生的反应他们会感到不可思议："至于那么沮丧吗？""被稍稍批评一下，至于那么闷闷不乐吗？"

相对而言，敏感教师更容易受到他人评价的影响。**亲身体验过知道自己身为教师对学生的影响力之大，因**

此会对学生谨言慎行。

两种类型的教师的区别在于"共情能力"。**钝感教师缺乏共情能力，敏感教师则能够发挥高度的共情能力。**

钝感教师的言行往往导致自己与学生间存在着"认知鸿沟"，即"学生的感知"与"教师的认知"之间存在着鸿沟。鸿沟越大，师生关系就越容易恶化。也可以说，很自然地，对钝感教师来说"明明没必要那么介意"的事，学生就有可能认为"老师完全不能理解我"。这有时会导致学生对教师的厌恶感像滚雪球般不断膨大。

钝感教师只有亲身经历这种伤痛，才能防止这种鸿沟的出现。钝感教师可以尝试在职工大会上主动举手发言以体会学生发言时难为情的心情，或者在被领导批评时认真反省而不是急于反驳……通过类似的事情去亲身感受情绪的巨大波动。如果这样做，钝感教师仍然不能理解敏感型人的内心，那就别无他法了。**钝感教师必须时刻提醒自己"我是钝感型人"，然后用心倾听内心脆弱的学生的心声。**

你如果认为自己属于敏感教师，那么应该为此感

到自豪，因为这有助于良好师生关系的建立。因为只要是敏感教师，你就能够更好地共情、理解、鼓励学生。

📜 敏感教师的弱点

但是，敏感教师需要注意：**敏感教师的共情被指包含着"自我牺牲"。**所谓共情，是指通过这样的行为，能感受到对方心理上的痛苦等情感波动。例如，敏感教师一旦对被霸凌的学生产生共情，自身也会受到重创，仿佛自己也正在被霸凌。**敏感教师走进学生的内心，可能导致自己随之受伤。**行事认真且善解人意的教师容易因精神方面的问题请假，或许正是出于这种原因。

敏感教师充分利用共情能力强这一优势武器的同时，也要注重自我的身心健康，在假日要充分休息，以免过于疲惫。

第五节
注重隐性教育

"一束枯花"的教导

"隐性教育"是指教师让学生在潜移默化中得到教导，因此也被称为"潜移默化式教育"。

教师通常通过制定课程安排以对学生实施教育。例如，以让学生学会减法笔算为教学目标，开展一系列教学活动。但实际上，除这些明确的课程外，学生还会在潜移默化中接受其他隐性教育。

假设教室角落的花瓶里插着一束花。这束花起初盛开得非常漂亮，随着时间的流逝，日渐枯萎，却始终被插在脏水里，无人理会，一直就那样摆放着。

学生们会去看那束花。**而且他们会不知不觉习得各种"知识"：**

· "植物可以随意处置。"

· "教室里脏点儿也没关系。"

· "老师教我们要爱惜有生命的东西，但是他自己却做不到，大人只会嘴上说说。"

虽然不是有计划的教育，却可能正在潜移默化地影响学生。这就是隐性教育的效果。

教室里的隐性教育

例如，在上课期间有学生称呼教师的绰号，倘若教师此时不予以处理，就等于告诉学生，"原来课上与课下时间不必分得那么清楚。"

又如，课堂上有学生频繁地进行不必要的发言，但教师却选择视而不见，那么学生接收到的信息将是：

- "上课期间可以进行不相关的发言。"
- "因为老师特别偏袒那些上课捣乱的同学，所以我最好听那些同学的话。"

这也属于隐性教育。

再如，上课期间教师仅让举手的学生发言，那么不举手的学生得到的暗示是：

- "不举手就跟我没关系。"
- "什么都不做就不会犯错，这样更轻松。"
- "只要推给别人，自己就不会受伤。"

学生很可能接收这种负面信息。

学生会在潜移默化中得到课堂知识外的**隐性教育**。

　　教育不是仅靠"语言"的，学生会从教师的举止和周围的环境中学到很多。因此，从环境的营造入手，开始我们的"防守型班级管理"吧。

　　教师必须注重隐性教育，时刻意识到自己的言谈举止以及周围环境可能带给学生怎样的隐性教育。

第六节
成为班级的引领者

教师要做"大咖"

　　教师影响力的强弱，能在很大程度上左右班级的状态。教师本人具备较强的影响力，便能够轻松地管理班级。**比如，教师可以成为"班级中的大咖"。**提到"大咖"，我们或许会想到那些"社会影响力巨大的人"，比如社交媒体上的名人，但此处指"在班级内影响力强大的人"。

　　有时年轻教师带班更加得心应手。**因为"年轻 = 会玩 = 学生喜欢"。**从这一方面来说，他们更可能成为学生的引领者。学生感觉他们就像"年龄相仿的哥哥姐姐"一样，可以成为自己的玩伴，因此马上就成为"粉丝"，支持教师的工作。这样的教师即使授课没有那么完美，也会得到学生的宽容对待。

教师受到学生拥护的班级，很少产生霸凌问题，班级秩序失控现象也少见。**因为，大咖教师只要说"不能这样做""你们这样做，老师很失望"之类的话，就能凭借自身的影响力劝阻住学生。**

班级秩序失控与校园霸凌问题之所以会产生，很大程度上是因为教师在班内的"粉丝"数量不够多引起的。甚至可以说，正因为教师的"粉丝"太少，所以才"控制不了"班级秩序。在即便教师劝阻学生"不能这样做"，话语也不具多大影响力的情况下，就有可能产生班级失控、霸凌等问题。

📜 一旦不良学生拥有超强影响力就糟了

有时，某些学生的影响力会超越教师。

如果是带来积极的影响力，那么对班级来说是极好的。例如，由认真且诚实的学生担任学习委员。这样的学生就可以利用自身的号召力鼓励其他学生"再加把劲儿""认真学习"，或劝阻其他学生"别做坏事呀"，从而带领班级趋向良性发展。

与之相对，也有能够为班级发展带来不良影响的"咖位高"的学生。学生只要能够在某个方面做得好，如体育成绩好、学习好、社交能力强、打架厉害等，都能积聚一定的人缘，得到周围人的支持。**而这样的"孩子王"，如果向特定的学生施暴，或教唆身边的学生，很可能得到呼应，那么霸凌问题就会随之产生。**

当影响力超越教师的"孩子王"开始扰乱班级秩序时，教师会感到无力扭转局面，班级秩序便会失控。

而那些影响力不强的学生，即使霸凌他人或扰乱班级秩序，也会因为追随者较少，不会引发大问题。这部分学生仅仅会成为"问题学生"。

因此，在"防守型班级管理"中，教师需要拥有维护自己的"粉丝"，才能防止班级秩序失控。最为理想的状态是，教师成为引领班级的"大咖"。也就是说，最好成为比任何学生都更具影响力的人。

第七节
获取学生的信任

如何获取学生的信任

在"防守型班级管理"中，教师如果不被学生信任，就容易陷入困境。要想建立良好的师生关系，获得学生的信任，教师应采取以下 3 个步骤：

①学会与学生闲聊；

②激发学生的内驱力；

③强调与学生的契合点。

下文将依次进行说明。

①学会与学生闲聊

你或许对"闲聊效应"（schmoozing）一词感到陌生，但它并不复杂。总之，就是"在切入正题之前夹杂些自己的闲事当作话题"。例如，晨会上，在正式介绍今天的工作计划之前讲一些家里发生的小事。

你或许认为这种闲聊极为常见，不足为奇，但其实这并不是普通的闲聊，并非"你看今天的头条新闻了吗""今天好冷啊"之类的日常闲聊。**其要点在于，话题要与你切身相关。**如果话题内容与教师自身相关，且涉及相当核心的部分，效果会更好。例如：

· 你对自己健康的忧虑

　　学生也会关心自己的健康。

· 你的幸福时光

　　说说你人生中积极正向的事，比如喜欢的事、痴迷的事、感到幸福的事等。

· 你的短板

　　坦陈你的弱势或者缺点，如多年的烦恼、想要自我

改变之处、不擅长而又想要求助的事等。

· **你的兴趣爱好**

你坚持多年的爱好，或今后想做的感兴趣的事。

· **你的尴尬经历**

你的失败经历，或时至今日依然感到愧疚的经历。

这种闲谈如果进行得顺利，就能够帮助你大大缩短与对方的心理距离。这一点在2002年美国斯坦福大学的相关研究中得到了验证。

②激发学生的内驱力

这样做可以更加容易地使学生拥有自信心与行动力。使学生行动起来的秘诀，是激发学生的内驱力，而不是采取命令或者威胁的方式。

人在得到他人认可时，更愿意采取行动。因此，要先使听的人建立信心，感觉"自己充满力量，有行动力、有能力、有潜力"，再推动其前行。

"与上学期相比，你们的字写得更漂亮了，上课发言也更积极了。随着时间的流逝，你们确实成长了很多。"

学生在感到自己的成长与变化、能力与价值被再次发现时，就会产生想要更加努力的内驱力。

说者恰当的话语，可以激发听者的内驱力。

③强调与学生的契合点

有影响力的教师在面对学生时，不会采取居高临下的态度，而会站在亲近的人或能够轻松交谈的朋友的角度与其沟通，让学生在潜移默化中受到影响。高高在上的教师是不受学生欢迎的；而有亲和力的教师，则会得到学生善意的支持。

· 我们喜欢相同的动漫呢；

· 我们经常看的短视频是同一类型的；

· 我也喜欢画画。

像这样，当了解到学生的爱好时，教师可以表现出

29

同样的兴趣。即使彼此之间只拥有很小的共同点，这也会促使对方愿意倾听，对方接受我们的概率也会因此提高近两倍。

第八节
具备 5 种影响力

何谓影响力？

　　对教师来说，必须具备一定的影响力。影响力全无的话，即使你告诉学生"接下来我们要学习某部分的内容"，学生也不会遵从，反而会使学生感到"鬼才要学这种东西"。当然，并不需要过于强大的影响力，但足够激起学生的学习欲望的影响力是必须的。

　　那么，所谓的影响力，究竟来源于哪些方面呢？心理学家弗兰奇（French）和雷文（Raven）在有关"社会影响力"的研究中，列举了以下 5 种影响力。

①奖赏力

使对方感到"听从会得到好处"的影响力。例如，教师使学生感到，遵循教师的指导，自己能够提高学习能力、掌握某项运动技能等，并能切身感受到其效果。

②惩罚力

使对方感到"不听从会遭受惩罚或蒙受损失"的影响力。面对特别严厉的教师，学生便会感受到这种影响力。

③规则力

使对方感到"这是应该遵守的社会规则"的影响力。例如，使学生意识到"学生应该听老师的话"，然后考虑自身的立场，开始改变行动。

④专家力

使对方感到"应该相信专家"的影响力。这种影响力会使学生认为，"这位老师是这门课程的专家，应该听他的。"

⑤参照力

使对方感到"想要崇拜、模仿"的影响力。具体到学生，便是喜欢上教师，进而想要通过模仿教师来证明自己。

以此类推，教师的影响力也可以被划分为这 5 类。

就我而言，面对低年级的学生，需要强调"⑤参照力"。因为教师只要先让学生喜欢上自己，就能激发出学生的学习欲望。

面对高年级的学生，则需要提高"④专家力"，授课时要注意表现出学科专家的姿态。

那么，哪一项是你的强项呢？

你如果认为自己每项都弱，就从自己较为擅长的部分入手，不断提高自己对学生的影响力吧。

道歉是衡量班级状态的试金石

道歉是衡量师生关系是否良好的简易测试法。只需要在教师道歉时，观察学生的反应即可。

例如，你突然需要变更时间表或传达有误，向学生表达歉意时，可以仔细观察学生的反应。

如果学生做出了如"有没有搞错""这怎么可能""在想什么呢"之类的消极反应，就说明在师生关系中，学生占上风。也可以解释为学生并不支持教师。

如果学生做出了积极反应，如"知道了""老师，没关系的""总会有办法的"等，那么说明教师获得了学生的支持。

需要注意的是，在学生做出消极反应的班级中，教师应该施行"防守型班级管理"；反之，在做出积极反应的班级中，教师则应施行"进攻型班级管理"。

尽管说到底只是一个标准而已，但可以轻松检测出一个班级的状态的方法就是"道歉"。因此，可以说，教师的道歉是衡量班级状态的试金石。

第二章

建立亲密的师生关系

第一节
勿忘事后安抚

📖 被敬畏而不被憎恶

在"防守型班级管理"中，很多情况下教师必须严格要求学生。也就是说，"教师要严格"。不少教师尽管清楚这一点，却担心自己一旦严厉，会被学生厌恶、憎恨，而在需要批评学生时表现得犹豫不决、不知所措。

教师必须要被学生敬畏。教师只有具备一定的威严，才能在发生校园霸凌问题时，保护好被霸凌者；才能在班级出现失控现象时，维护好秩序。

但这里也存在一个难题，那就是教师严厉的同时必须避免被学生憎恶。一旦被学生憎恶，教师就很难再教导学生。学生在被批评时，会想"烦死了""老师又要说什么啊""这次我就先装装样子吧"。这样一来，尽管肉眼不可见，但班级秩序可能会慢慢地变得失控。

那么，如何才能做到"被敬畏而不被憎恶"呢？**一句话，对学生进行事后安抚。**例如，在严厉训斥学生之后，要安抚其情绪："知道我刚才为什么批评你吗？"第二天要主动发现该学生的进步，并表扬："你果然可以做得很好！"要通过态度表达：老师虽然对你严厉，却是心怀爱意的。如果教师能够及时这样做，那么即使对学生要求严格，也不会被学生憎恶。**也就是说，教师完全有可能做到在被学生敬畏的同时不被学生憎恶。**

你身边一定有既受学生爱戴又要求严格的教师。要想维护好班级秩序，就要努力成为这样的教师。在"防守型班级管理"中，你要用心做到既被学生敬畏，又不被学生憎恶。

第二节
亮明批评的底线

亮明批评的底线

为了保证对学生的教导具备一贯性，教师需要"将丑话说在前面"，也就是事先向学生明确传达"批评的底线"。

例如，我将批评学生的底线设定为"学生不能做出损害自己或他人身心健康的事"。我绝不允许学生有侵害他人的言行。守护孩子的生命安全，可谓是成年人必须履行的义务。因此，在学生面临危险时，如他们在标有"禁止攀爬"的地方攀爬，或在教室里来回乱跑，我会厉声喝止："停下！危险！"此外，如果有学生侮辱他人，我也会批评：

"你乱说什么呢！"但是，遇到学生忘带作业等情况，我不会进行严厉批评。因为这些不属于触碰批评底线的行为。

教师要让学生明确知道批评的底线为何，并依此标准进行批评，这样，学生也会渐渐懂得"这样做会挨老师批评"。

教师必须亲自制定批评学生的底线。如果直接借鉴其他教师的底线标准，很有可能会因为自己对"别人的标准"理解不够深刻，而无法坚持到底，进而被学生认为言行不一，最终导致失去学生的信赖。

我们可以自己设定几个批评学生的底线，如不允许学生言行过于自私、事不过三、不能给别人造成困扰等。一旦确定了底线，就必须坚守。

第三节
教会学生积极面对批评

教会学生积极面对批评

　　只要做了不好的事情，就要遭到批评。在教育方面，对学生予以表扬是在为其良性行为"加油"；予以批评则是使其不良行为"刹车"。因此，在学生犯错时，教师批评学生是学校教育中再寻常不过的事。

　　但是有些学生不习惯就这样挨批评，可能因为他们从未被批评过，也可能因为他们惧怕批评。这些学生在受到批评后通常会闹情绪，有时会回家向家长进行与事实不符的"告状"。这会影响之后的师生关系，甚至引发其他矛盾。**因此，尽早向学生阐明挨批评的价值犹**

为重要。

> "我们如果做错了，就要好好接受批评。其实每个人小时候都做过挨批评的错事，老师也不例外，我们都是在批评中成长的。但是，我们如果在犯了小错后逃过了批评，那么之后可能犯下大错，而如果犯了大错也逃脱了批评，就可能去犯更大的错误。等到我们逃无可逃的那一天，就可能已经造成了无法挽回的后果。因此，做错了事就要被批评。这样我们才会反省，才能意识到自己的错误，并且以后注意。因此，因为犯错而被批评没什么大不了，知错就改就可以了。"

我们可以像这样开导学生。教师可以多向学生讲述自己被批评的经历。例如，说自己就经常被批评，因此非常理解学生在遭到批评后的心情。经过开导，学生往往能够积极地接受批评："原来大家都被批评过啊，连老师都被批评过。那我也能做到在批评中成长。"

另外，在批评时要尽量迅速批评完，不要拖拉，这样也更容易对学生进行有效的指导。因此，教师要尽早教会学生如何面对批评。

第四节
如果学生反抗，教师可以提问

如何应对学生的反抗

"啊？有没有搞错？""什么呀，老师，怎么可能？""听不懂你在说什么。"学生有时会表现出诸如此类的逆反情绪。尤其是面对小学高年级及初中阶段正值青春期的学生，几乎所有教师都有被反抗的经历。一名十几岁的学生还对教师言听计从，才更令人担心。但教师也是人，被学生如前文所述那样反抗，难免会生气。那么你又是如何应对学生这样的反抗的呢？

需要把握一个原则：不能严厉斥责针对教师的反抗。自然，教师也是人，面对学生针对教师的反抗难免会生气。不过，如果因此大发雷霆，就会埋下很大的隐患。

例如，教师严厉斥责反抗的学生："你这是什么态度?!"**这句话的潜台词就是，"你以这样的态度对我，非常没有礼貌！"**而此后假设出现了诸如该学生殴打其他学生的情况，教师如同劝导般平静地做出批评，那么在一旁看到这一幕的学生就会这样解释：**"老师在感到自己不被尊重时会非常生气，看到学生被打却并不会那么生气。看来老师还是最在乎自己。"**

教师如果在被学生反抗时就大发雷霆，那么在遇到其他应批评学生的场景时就必须表现得更加严厉、更加愤怒，否则就会遭到学生的质疑。因此，为了防止陷入这样的恶性循环，可以说，在被学生反抗时，我们应该保持极度冷静。

学生产生逆反情绪，必定有其理由。我们不妨先冷静地询问：

> · "你为什么会这样说呢？"
> · "我最近一直在留意你的态度。"
> · "我觉得你刚才的说法有点不妥。"

为学生的反抗感到欣慰

教育家大村滨认为，学生的反抗值得"欣慰"。针对学生的反抗，他这样说：

"反抗说明他们在快速成长，正在超越老师，是值得欣慰的。这不是什么叛逆。我们看到的叛逆，其实是学生强烈的自我意识。他们因为年龄还小，所以不知道该如何正确地表达出来，只能采取这种方式。被学生反抗时，我觉得很开心、很欣慰，因为这说明他们要超越我。大家有没有想过，如果很多学生都停留在与教师相同的水平会造成什么样的后果？我们岂不是在走下坡路？因此，'被超越''被正确地批判和反驳'真的都是好事。"

被超越时可能会被后来者"踩到"，进而感受到些许疼痛。但是我意欲成为大村滨老师一样的教师，为被学生超越而感到欣慰。

第五节
调控班级气氛

过于高涨的气氛如同"节日狂欢"

在"防守型班级管理"中，教师在与学生的相处中，需要注意"气氛的冷热"。班级气氛热烈，似乎更容易令人情绪高涨，仿佛全班激情澎湃，充满积极性，教师有时甚至会因此感到安心。

但是，班级气氛不能过于热烈。尤其是有注意缺陷多动障碍倾向的学生，很容易受到班级热烈气氛的影响，从而做出一些扰乱班级秩序的行为。这样就会导致尴尬的局面出现：明明是教师将气氛推向了高潮，结果教师却又要通过训斥学生使气氛恢复平静。着实叫人难过。

班级气氛过于活跃、热烈，就近似于"节日狂欢"。

你可以想象一下，大家正在热闹地庆祝节日，你却说："大家安静一下可以吗？"恐怕你只能得到一句带着反驳和嘲笑的回答："现在这么热闹，你不要扫兴！"但是，如果你向正在图书馆里安静学习的人提出请求："请问能给我让个座吗？"对方可能冷静地回答："如果你有特殊情况，那请坐吧。"

人之所以会产生不同的反应，是因为受到了不同气氛的影响。那么哪种气氛更适合学习呢？自然是平静的气氛。

调控气氛的方法

留出调整呼吸的时间，对控制气氛过于高涨很有效。 教师可以引导学生："现在大家慢慢深呼吸。吸气……屏气……呼气……"每个动作间隔5秒，不断重复。只要这样重复1~2分钟，教室里的气氛就会平静下来。

此外，为学生朗读课文也有利于控制班级气氛。这样做本来旨在使学生熟悉课文，同时也有调整气氛的效果。在教师朗读的过程中，学生会边听边想象，教室里也会变得安静，最终大家都能静下心来认真学习。

教师应先让班级气氛尽量平静下来，然后再开始授课。

第六节
延迟处理小问题

留出冷静期

上课铃声响起，意味着课间休息结束，准备开始上课。但在这时突然有学生说："老师，我痛……"或者"老师，某某说我坏话。"尤其在小学低年级，这种问题很容易产生。那么针对这种情况，应该如何处理呢？

"是吗，很痛啊。那我带你去医务室吧。其他同学先自习吧。""某某说你坏话了啊，那你讲讲是怎么回事。某某你也一起过来！其他同学先自己读一下课文。"如果你立即这样回应，结果会如何呢？**学生会由此认为："向老师诉说自己的不适更容易引起关注"。**学生会学习这些行为，只要诉说自己身心不适，老师就会保护自己，还可以不上课。那么遇到麻烦时，先告诉老师是不是比被迫上自习更好？

那么，该如何应对呢？**重点在于延迟处理。**

你可以先这样回答学生：

> "老师也想知道是怎么回事，但是现在已经上课了。下课后，在课间你详细给我讲讲，可以吗？"

然后，下课后立即向当事学生询问详情。

当学生提出希望向你倾诉与朋友之间的问题时，你可以利用课间好好地倾听。但通常到了课间，这名学生已经去室外玩耍了，完全忘了。这时我们再问学生："刚才你想说什么呢？怎么样了？"如果该学生回答说："老师，已经没事了！"那么我们就无须再费心处理。此外，有些学生起先会哭到说不出话来，针对这种情况，我们也可以延迟处理，在上完课后，学生就可以心平气和地讲述事情原委了。

但如果遇到有人受伤或侮辱人格等严重问题，则需要尽快处理。教师需要根据实际情况灵活应对。

第七节
想象最好和最坏的状态

想象两种极端状态，有助于控制情绪

学校开晨会时，班主任时常需要暂时离开教室，只留下学生。而当教师回到教室，发现学生乱作一团时，很可能忍不住大声斥责道："你们在干什么呢?！"之后又后悔自己表现得过于严厉。这种情况常有吧?

怎样才能冷静地接受现实呢? **我们要事先想象最好和最坏的状态。**走在前往教室的走廊上时，设想一下这两种状态。

①最好的状态

先来设想学生最好的自习状态：全体学生在安静地

读书；或者在合力完成课题；课代表尽职尽责，大家已经做好了上课的准备……

②最坏的状态

再来设想学生最坏的自习状态：学生没有进行小组讨论，只是呆呆地坐在座位上；或者有些学生正在认真讨论而有些学生在旁边嬉戏打闹；课代表没有尽到职责……

我们可以一边想象这两种状态，一边走向教室。

最后，你可能发现班级的实际状态至少不比你想象的最坏状态更糟糕。这样，你就不会感到异常愤怒，而可以坦然接受。即使发现实际状态与你想象的最好状态只有部分相吻合，也要特别强调该部分，及时表扬学生。

在到达教室之前的这段时间里，只要稍微发挥一下想象力，你就可以控制好自己的情绪。因此，你不妨尝试一下。

第八节
让学生理解师生有别

师生身份不同

我们也许经常听到这种理念：教师应该站在学生的角度看问题。但当我们在指导需要使用防守型管理策略的班级时，践行这个理念会伴有一定的风险。

我曾经读过推崇师生平等相处理念的书，并付诸实践。无论在班级里出现问题时，还是学生间出现纷争时，我都秉持站在学生立场上解决问题的原则，结果却造成了班级逐渐失控，因为教师如果站在学生的角度，那么当学生出现问题时，便无法制止了。自此之后，尤其是在需要使用防守型管理策略的班级中，我虽然会与学生共情，但也会有意地与学生保持距离。

教师与学生所处的立场本就不同。教师需要成为管理班级的引领者。尤其是在需要使用防守型管理策略的班级中，有的学生缺少正确的价值观。因此，教师必须明确地告诉学生"不允许做的事情就是不能做""老师与学生就是不一样的"。要让学生理解，这一点很重要。

📜 在办公室休息遭到学生指责

例如，当看到教师在办公室喝咖啡时，有的学生会指责道："老师们太会享受了！"因此，有的教师喝咖啡时尽量不让学生看到。其实完全没有必要躲避学生。教师在学校工作，利用休息时间喝咖啡，本就无可非议。遇到这种情况，教师可以直接告诉学生：

> "世界上有各种各样的职业。无论从事哪种职业的人，在工作间隙都有固定的休息时间。老师们都很忙，

有时甚至忙得顾不上休息。虽然很忙但也会在此期间喝杯咖啡，稍微放松一下，以便开展后续工作。你看到在医院工作的医生利用休息时间喝杯咖啡时，会说他们太会享受吗？你不会这样说吧？这是同一个道理。你们学生在学校是为了学习，我们老师，在学校工作是我们的职业，我们身份不同。"

学生误以为教师与学生在学校里身份相同，才会产生这种误解。因此，为了避免误解加深，教师不应该刻意躲避，而应该大大方方地让学生理解自己的行为。

当然，不能只是简单粗暴地告诉学生"老师与你们不一样"，否则学生不仅不会接受，还会对教师产生不信任感。因此，这需要我们花费时间有逻辑地向学生说明。说明时无须有太多顾虑，也无须刻意讨好学生。

两句连讲法

在校园生活中，可能发生令学生感到无可奈何的事。虽说培养学生应对变化的能力是教师的职责之一，但是如果觉得自己作为教师能力不够，又不想因为对突发情况处理不当而被学生抱怨，**建议你使用"两句连讲法"。**

例如，体育课因下雨而取消，师生间有如下对话：

> 教师："因为今天下雨，所以体育课取消。"
>
> 学生："哎！为什么啊？这么点儿雨又不影响上课！"
>
> 教师："改为在教室看书，大家把要读的书准备好吧。"

教师当然也不愿听到学生的抱怨，但如果去应对，心理就会十分疲惫。

教师在感到所讲的内容可能引发学生抱怨时，不妨使用"两句连讲法"：先用一句话说明情况，再在学生还未来得及抱怨时用一句话说出指示。

> 教师："今天下雨，体育课取消，改为在教室看书。大家把要读的书准备好吧。"
>
> 学生："好……"

面对教师这样的说法，学生很难发泄不满。

这样讲之后，如果学生依然表达自己的不满，那就好像是在对教师提出的"把要读的书准备好"这一指示有所不满，学生也会意识到自己有些无理取闹。也就是说，教师要在叙述结构上，不给学生留有抱怨的余地。

你如果疲于应对学生的不满之声，那么可以尝试这种"两句连讲法"，这样做至少可以减轻你的心理压力。

第三章

防止班级秩序恶化

第一节
斥责的弊端与正确的批评方法

用斥责管制学生并非良法

"喂！你在做什么？！"

有的教师试图通过这样的大声斥责阻止学生的不当行为，因为有教师发现批评能够管束住学生，使教室保持安静。这种方法确实能奏效。但你此时如果仔细观察学生的表情，就会发现他们脸上的不安。此时的安静绝称不上是"好的安静"，这也与理想中的班级氛围相差甚远。

说到底，很多学生心智尚不成熟，需要教师教导"何为不良行为"。因此，教师有时也不得不高声呵斥。但教师在批评学生时一定要慎重。

作为一名教育工作者，当谈到批评学生的话题时，我会感到心情沉重。"批评"与"斥责"是不同的，我们要注意的是不要"斥责"学生。那么斥责学生有怎样的弊端呢？作为教师应该如何有效批评学生呢？让我们来看看斥责的弊端。

斥责学生的 6 个弊端

斥责属于惩罚，会使对方产生强烈的厌恶感，能够即刻见效。因此，学生被斥责后能立即改正自己的行为。这种即时性对成人来讲是正向的强化，能使教师获得成功体验。也就是说，教师会在潜意识中认为"学生真的改变了，看来斥责是有效的，再犯错时我还要训斥才行"，日后也会不由得经常斥责学生。

但经常斥责学生会产生不良影响，斥责学生存在以下6 个弊端。

①影响学生的其他行为

学生在课堂上进行与授课内容无关的发言时，如果受到了严厉的斥责，如"上课不许乱说话！"，那么他确实会收敛，不必要的发言就会减少。但与此同时，学生也有可能随之在课堂小组讨论中或其他必要的发言场合表现得不再活跃。

②失去管束后变本加厉

通过斥责，教师可以管束学生的不良行为。但学生在脱离监督后，可能重蹈覆辙，一时间甚至变本加厉。例如，某位班主任对学生要求严格，经常发火震慑学生，而接管班级的下一任班主任如果很温和，就会对混乱的班级秩序感到束手无策。总之，斥责学生不能从根本上解决问题。

③在其他场合行为不当

学生会在严厉的教师面前谨言慎行。但是一旦脱离了这位教师的视线，比如在其他教师的课堂上，学生的不良行为反而会更严重。

④可能使学生的不良行为变本加厉

教师试图通过斥责来管束学生，有时却事与愿违，学生的不良行为可能变本加厉，甚至可能导致其他学生模仿其不良行为。

⑤使学生产生恐惧，引发其反抗或逃课

也有被斥责的学生出于自我保护的本能，可能选择反抗或逃课。有的学生虽然并没有被斥责，但在看到其他学生被斥责后，也可能出现这种应激反应。

⑥适得其反

为了避免被教师斥责，有的学生会选择通过逃学来逃避惩罚。面对这种为了逃避伤心事而逃学的学生，如果继续严加斥责，只会导致其更加抵触上学。

如何有效批评

如果说教师绝对不能批评学生，也并非如此。当学生

做出伤害他人或危及自身安全的行为时，教师必须严厉管束。要问有没有正确的批评方法，答案是有的，批评学生的目的是使其避免再犯同样的错误，那么怎样才能做到呢？可以参考下列结合了心理学知识的方法。

①语气先强后弱

教师在批评学生时，如果语气由弱到强，那么学生会逐渐习惯，进而产生"耐药性"，这样无法有效制止学生的不良行为。相反，一开始就严厉批评，语气渐渐由强到弱，效果会更好。

②当场处罚

面对学生的不良行为，教师当场严厉批评才有效。例如，如果教师看到学生捉弄别人，先与其讲道理，而学生拒绝道歉后教师才批评学生，这就像实施了"缓期执行"，无法有效地规范学生的行为。对学生的处罚不宜延迟，发现后就要当场处理。一定要意识到，学生犯错与教师批评的间隔时间越长，批评的效果就越差。

③对学生态度一致

如果我们对某名学生的某个不良行为进行了批评，那么今后再有学生犯相同的错误时，我们也要做出同样的批评。批评学生最根本的目的是纠正其不良行为。因此，如果我们在面对学生同样的不良行为时做出"选择性批评"——有时批评而有时宽容，那么批评的警示效果就会变差。

如果我们因小事而批评学生，那么就要一直坚守这一批评原则。例如，如果我们批评了忘记写作业的学生，那么此后再有学生忘记写作业，也必须对其进行批评。这对一名教师来说相当困难。为了防止出现这种情况，我们可以将批评的标准提高，并且事先明确批评的底线。

④批评后不要立即表扬

也许你会感到意外，但确实，我们在批评学生后不要立即对其表扬。例如，学生在受到批评后改正了其行为，也不要过度表扬其"真棒"，这样很不好，会让学生在潜意识里认为："挨批后马上就能得到表扬，这样的话，我就不改了！"这会使学生认为犯错更加有利可图。所以批评后不要立即表扬。对于做出改正的学生，我们可以说："只要你肯改正就好。"

⑤不吝惜其他方面的赞美

虽然尽量不要在学生改正错误后立即表扬，但如果该学生在其他方面表现出色，我们应该大力表扬。通过表扬来降低先前对其批评而产生的负面影响。

⑥不可过度批评

批评虽然会使学生产生恐惧，却可以使教师获得成功体验，从而陷入"批评→见效→再批评"的恶性循环。所以我们要明确批评的标准，不能随意地反复批评学生。

⑦多加正面表扬

我们要多表扬学生不同场合的优秀表现，少做严厉批评。想要通过持续的批评来约束学生的行为本就是不可能的。将表扬作为班级管理的核心，才能减少不良行为。

虽然讲了这么多，但笔者并不提倡批评学生，甚至希望教师能够做到不批评学生。但在确实需要批评学生时，我们首先要考虑如何做才能更合理有效。

第二节
避免"双重束缚"

无论如何选择都会被批评

笔者小时候非常调皮，经常被老师单独叫出去批评。我至今还记得小学低年级时被学校老师批评的场景，虽然已经忘记了具体的原因，但批评方式我是记得的。

记得有一次老师问我："你是知道这样做不对，还明知故犯吗？"我回答："不知道。"老师勃然大怒道："这样做不对！你记住！"

后来我再次被老师同样质问，这次我回答："知道。"但我再次被老师训斥："明知道不对，为什么还要做！"此后，再被这位老师问到同样的问题，我只好选择沉默。其他同学也是如此，为了不挨批评，只能选择沉默。

就像这样，人被困在两个相矛盾的信息中动弹不得的状态，称为"双重束缚"。无论是将其应用在日常沟通还是教育中，这种表达都存在极大的问题。 1956 年，英国人类学家格雷戈里·贝特森（Gregory Bateson）提出了"双重束缚"一词，这个词是他自造的。在研究精神分裂症患者的家庭环境时，他发现存在双重束缚是每个家庭沟通过程中的共性。

经常利用双重束缚的人，在给对方下达指令时并不会明确地传达自己的要求和期望，只是想要利用自己的职权控制对方。此处的"职权"是下达指令者的职位或地位为其带来的权威，如教师、家长、领导等角色被赋予的权力。他们知道，与其向接收指令者低头或者提出请求，利用双重束缚式的职权更容易控制对方，于是便乐此不疲。

例如，领导指示道："我不管！按你想的去做吧！"如果你真按自己的想法去做了，领导则又会抱怨："你为什么那样做！"这也是双重束缚。

双重束缚的具体表现

教师会在不知不觉中对学生做出双重束缚,示例如下。

- **"你可以随意画。"**

  选择①规矩地画→"我不是说了可以随意画吗?!"

  选择②随意地画→"你怎么能这么画?!"

- **"有不明白的地方随时问我。"**

  选择①不去询问→"我不是说了不明白的话就问

  我吗?!"

  选择②提出疑问→"这么简单的问题还要问?!"

- **"你这样还不如回家!"**

  选择①不回→"你为什么还不走?赶紧给我回家!"

  选择②回家→"你为什么要走?怎么听不懂好赖话!"

> · "糊弄的话，你就别练了！"
>
> 选择①练习→"我不是说你可以不用练了吗？！"
>
> 选择②不练习→"你为什么不练习？！"

　　教师看似为学生提供了回家、停止练习等选项，而其实教师想要表达的真实想法恰恰与之相反，他们希望学生道歉、反省。但从被提示的选项里，学生并不能选择该行动。于是便给学生造成了心理压力。

　　在现代，双重束缚已不被视为诱发精神分裂症的原因，**即使如此，它是给人带来巨大压力的沟通方式这一点，是不会改变的。**

　　作为教师，你需要仔细反思自己的表达中是否存在双重束缚。

双重束缚成为给人带来巨大压力的沟通方式。

第三节
肯定学生的努力

区分对象

一般在中午配餐时，值日生需要换好围裙，排队去配餐处。某一天，只有几个值日生做到了正常排队，其他人有的不仅没有排队，甚至连围裙还没有穿好，仍在嬉闹。面对这样的情境，你会如何做呢？教师通常会厉声催促值日生："太慢了！大家都等着呢！快点儿！"

但如果我们做出了这样的批评，说明我们只关注到了那些没有认真值日的学生。**而事实上也有认真的学生。**因为眼前也有几个孩子在认真排队。如果一概而论，批评所有人，就很可能打击认真值日的学生的积极性。他们或许会想："我明明在努力值日，为什么也要一起被批评？认真有什么用？"因此，教师需要区分不同的对象做出评价：认可努力值日的学生；督促没有努力的学生自我反省。

可以采用以下 4 种方法。

①不理会迟到者

对迟到的学生不予理会。如果教师选择等待所有值日生到齐再出发，那么磨蹭的学生便不会着急，反而会认为自己"赚了"。因此，教师可以先不考虑迟到的学生，而是让先到的学生先出发，但放慢脚步以便迟到者追上。这样迟到者会大喊着"等一下"并迅速追赶队伍。此时教师可以提醒一句："别再迟到了啊！"

②定时

也可以采用定时的方法。但使用此方法前，教师需要确定每名值日生需要的准备时间。例如，定时之前询问学生："大家配餐时穿围裙的时间太长了，你们大约几分钟能穿好？""那么试试2分钟之内能不能穿好，开始！"然后观察学生能否按时完成。2分钟之后，先肯定按时完成任务的学生："已经穿好围裙的同学，非常棒！我们现在出发！"这样努力的学生便会得到正向反馈。

③要求迟到者自我反省

　　教师需要使迟到的学生意识到自己的错误。"今天在出发时迟到的值日生站起来！"当事学生起立后，让他们依次陈述自己的反思。

④提高学生的自觉性

　　教师有时即使提醒了学生，说他们排队迟到，也无法使其意识到是自己的问题；或者即使应用了③中的方法严肃警告"今天在出发时迟到的值日生站起来"，有些学生依然不会站起来。如果教师说："认为自己做到了准时排队的同学请举手！"学生通常会纷纷举手。这时我们可以试着再问："好，那么认为自己旁边的同学也准时排队的人请举手！"此时便会有学生不再举手，因为他们意识到了旁边的同学没有准时排队，希望其能受到批评。面对这样的情况，教师应该适时批评迟到者："有的同学认为自己做到了，但是在别人看来你并没有做到，你需要反思一下是否对自己要求太低。"

　　总之，教师需要尝试尽可能多的教育方法，使得表现好的学生能够得到正向反馈，引导表现不好的学生做出自我反省。

第四节
宽容无意的失误

应该对哪种错误追责

学生在校园中会犯错误。但即使同为"错误"，它们依旧可以被区分为应该做出批评的错误、无须做出批评的错误，还有不能训斥的错误。那么，应该如何界定错误呢？

例如，通知学生集合后参加活动，学生可能出现两种迟到的情形。

A. 因弄错集合地点而迟到

B. 因忘记集合而迟到

对于这两种错误，教师需要更加严厉地批评哪一种呢？

我们可以借助"技术性错误"和"原则性错误"的相关理论来分析。

西德尼·德科（Sidney Dekker）博士在安全文化领域著述颇丰，他主张将错误分为"技术性错误"和"原则性错误"。**技术性错误指专职的业务人员虽然完成了本职工作，但其结果却低于所要求的标准水平；原则性错误则指业务人员没有尽到分内的职责和义务。**

例如，学生没有找到正确的集合地点，属于技术性错误。这种失误的频率和严重性会随着个人经验的增长而降低，因此教师对学生的此类错误应该给予宽容。但是，因为自身的原因而迟到，则属于原则性错误。这类错误无论发生多少次都不会被自然改正，教师对此种错误应该严厉批评。

"因忘记集合而迟到"属于原则性错误，因为能做到却不去做，我们应该严厉批评。"因弄错集合地点而迟到"则属于技术性错误，因为学生尝试过努力，结果失败了。我们对此不应责备，口头提醒其下次注意即可。

教师对学生努力了却无意导致的失误要给予宽容，但对学生没有努力过而犯的错误，则要严肃处理。

区分错误

用上述思维方式处理学生的错误，许多问题便会迎刃而解。

例如，学生发表了自己的意见，但内容有误，这属于技术性错误。那么原则性错误指哪种情形呢？犯了原则性错误的学生的表现是：明明知道答案却保持沉默，既不回答问题，也不告诉他人，更不参与讨论。对这种表现，教师需要给予批评。

在了解了技术性错误和原则性错误的区别后，这或许会使我们改变指导学生的方式，我们可以将其作为批评学生的重要原则。

技术性错误	努力付出，但结果不达标。

原则性错误	从未努力过。

第五节
带好班里的"老大"

引导班级"老大"的5种方法

在需要利用防守型策略管理的班级中，我们会发现，有学生拥有左右班级中的部分乃至全班学生的能力，也就是所谓的"老大"。

"老大"对于班集体的运转会产生重大的影响。 他们如果能做出正面的引领还好，但如果带来负面影响，那么其存在将对教师在该班集体的教育效果有所妨碍。

"老大"有时会配合教师的工作，有时也会反抗，以显示自己的权威。教师如果选择漠视或者刻意回避这样的"老大"，就会招致其他学生的不信任，最终导致教师对其他学生的教导变得力不从心，班级秩序开始失控。

那么，应该如何指导班里的"老大"呢？我们可以注意以下 5 个要点。

①主动接近

当其在课间聊天、玩耍、值日或策划活动时，我们也若无其事地参与进去。我们可以多制造与"老大"自然接触的机会。不要将"老大"视为敌人，而要多加了解，使"老大"放松警惕。需要注意的是：不要使其他学生感觉到"老大"受到了老师的格外关照。

②主动交流

有的"老大"非常不情愿和教师接触，那么我们可以从他喜欢的东西或者感兴趣的话题入手，制造交流的机会。例如，问他"我最近也在玩'我的世界'这款游戏呢，小 A 你正在里面建造什么呢"，等等。你可以事先了解其感兴趣的游戏、动画片、运动等，制造共同话题，以使其敞开心扉。

③委以重任

　　"老大"往往具有一定的能力，你可以让他们把能力用在积极正向的地方，让他们担任一定的职务。例如让他们担任班长、活动策划、运动会的啦啦队队长等职务，引导其为班集体做出贡献。"老大"毕竟还是无法很好地控制自己的情绪的孩子，有时可能无法很好地完成任务，我们要帮助其完成任务。

④引其反思

　　我们在指导"老大"的过程中，在其表现好时要予以表扬，存在问题时也要促使其自我反思。"你作为班级委员帮了老师很大的忙，因为你的出色表现，同学们在活动中都很开心。但是，你认为自己今天的表现怎么样呢？"像这样一边引导学生进行自我反思，一边给予学生指导。

⑤恩威并施

　　在有意拉近与"老大"的距离的同时，我们也要守住原则。身为教师，必须亮明自己的底线，学生一旦越界，寸步不让，绝不原谅。如果"老大"做出威胁到其他学生人身安全的行为时，必须严肃处理。

只要让"老大"在日常感受到我们的认可与信任，即使有时严厉一些，他们也会接受。因此，我们需要恩威并施，根据不同的场合，灵活地给予"老大"或温和或严厉的教导。

第六节
教好"老大"的跟班

📜 削弱"老大"的影响力

在"老大"这一角色身边通常有数名学生追随，本书中将这些追随者称为"跟班"。这些"跟班"不会做出什么出格行为，但是如果有"老大"支持，就会变得胆大妄为。而"老大"又会因为"跟班"的存在而进一步壮大"势力"。因此，我们不仅要带好"老大"，还要管教好"跟班"。

当这些"跟班"出现不良行为时，我们必须对其进行教导，可以采取以下 3 个步骤。

①促使其自我反思

这些学生大多是在"老大"的授意下做出不良行为。

如果我们直接批评他们，他们可能回答："是'老大'唆使我这么做的""我看'老大'这么做才跟着做的"。可见他们的言行深受"老大"的影响。这种情况下，我们可以先不急着在"跟班"面前指责"老大"，因为如果我们当着他们的面说"老大"的坏话，肯定会被传递给"老大"，这样一来，将导致教师与"老大"的师生关系恶化。

为了避免这种情况发生，我们不妨让"跟班"来思考一下自己的立场。

"虽然是Ａ同学让你做的，但是他说什么你都会照做吗？"

"如果你做了自己不情愿做的事，那你怎么看待这样的自己呢？"

通过这样的提问，促使"跟班"反思自己追随"老大"的这一行为。

②引导其独立

教师要循序渐进地培养"跟班"按照自己的想法行动，

不再一味追随"老大"。但这并不意味着禁止他们做好朋友，而是让其学会拒绝不良诱导。

但是，可能"跟班"本人也想要摆脱"老大"的控制，却受到"老大"采取暴力等形式的威胁，此时教师便需要教导"老大"。

我们要以恰当的方式让"跟班"感受到"老师与我统一战线"，并与"跟班"约定，鼓励其勇敢地拒绝"老大"的不良引诱。

③助其扩大朋友圈

虽然我们并非要离间"老大"与"跟班"之间的关系，但我们应让"跟班"尽量减少只与"老大"相处。教师要设法通过小组活动及指派活动等集体活动，多创造"跟班"与除"老大"以外的同学产生交集、成为朋友的机会。

指导除"老大"及"跟班"以外的学生

学生"老大"之所以在班级内具有一定的"势力"，是因为班级内缺乏与其抗争的人或批判的力量，全班同学对其不良行为做出了默许。

例如，在"老大"展现对抗的态度时，有勇于反抗的学生阻止道："住手！不可以这样做！"就能够防止事态恶化。

也就是说，我们必须营造出拥有正向价值观的班级舆论环境，使"老大"与"跟班"很难做出不良行为。

教师可以在平日里放学前或班会、年级会上提及学生的不良行为。注意不要只谈及"老大"存在的问题，而要谈及日常出现的各种问题。我们可以先指出一些普遍存在的问题，如"很多同学离校时拖拖拉拉""还有很多同学丢三落四"；再提及"老大"与"跟班"的问题，如"还有些同学口吐脏话、谩骂他人"。也许也会有孩子迫于"老大"的压力而无所适从，但只要班级活动发挥相应的良好功能，就可以防止其危害。

也就是说，即使班中存在"老大"，我们也不要将精力过度向其倾斜，否则容易疏忽对其他学生的教导。而教师对其他学生的疏忽又会促使"老大"的负面影响进一步扩大。

着重培养"老大"以外的学生，使其拥有正确的价值观，可谓是防止"老大"负面影响过大的一种捷径。

第七节
寻找学生的闪光点

强调学生的闪光点

及时肯定学生表现良好之处,适当忽略学生表现不佳之处,这是教师在带班过程中的铁律。尤其是需要使用防守型策略管理班级的教师,更要坚持这一准则,因为在这样的班级中,学生表现不佳的情形居多。在学生表现不佳时,如果教师反复指出"错了""不对",就会破坏师生关系,也会使学生变得不知所措。

请你设想这样的情景:你需要在完全黑暗的环境中前行,一旦选错前进方向,旁边的报警器就会响起"哔——"的提示音。假设你正径直地走着,报警器突然"哔——"地响了起来并提示"方向有误",你只好调转方向继续摸索,报警器也随即停止警报。然而在你前进的途中，报警器再次响起，于是你只好再次调整方向。如此反复，最终你到达了终点。

心理素质强大的孩子能在报警器的不断提示下，最终抵达目标。相反，也有孩子胡乱前行，忽左忽右，完全偏离正确路线，报警器响个不停，一直在提示"方向有误"，但孩子就是不知该往哪个方向走。仔细想想，这时这个报警器还有意义吗？它只会使人迷失方向。

因此，当学生迷失方向时，教师不妨仅在他做出正确选择时给予其肯定的提示，在其他情形下则不予提示。这样学生听到提示后便会明白："啊，坚持下去就对了。"

以此类推，教师在使用防守型策略管理班级时，对于学生的过错，在不触碰自己批评底线的前提下可以尽量宽容。而在学生表现良好时，教师一定要及时予以肯定："你做得不错啊！""你今天表现得太棒了！"

教师要做的不是批评学生的错误，而是表扬学生的正确行为。

让学生自己意识到哪些行为可以"坚持做下去"。

学生一旦发现了自己的闪光点，心态就会变得积极强大：即使在前行过程中有失败，但大多数情况还是顺利的。

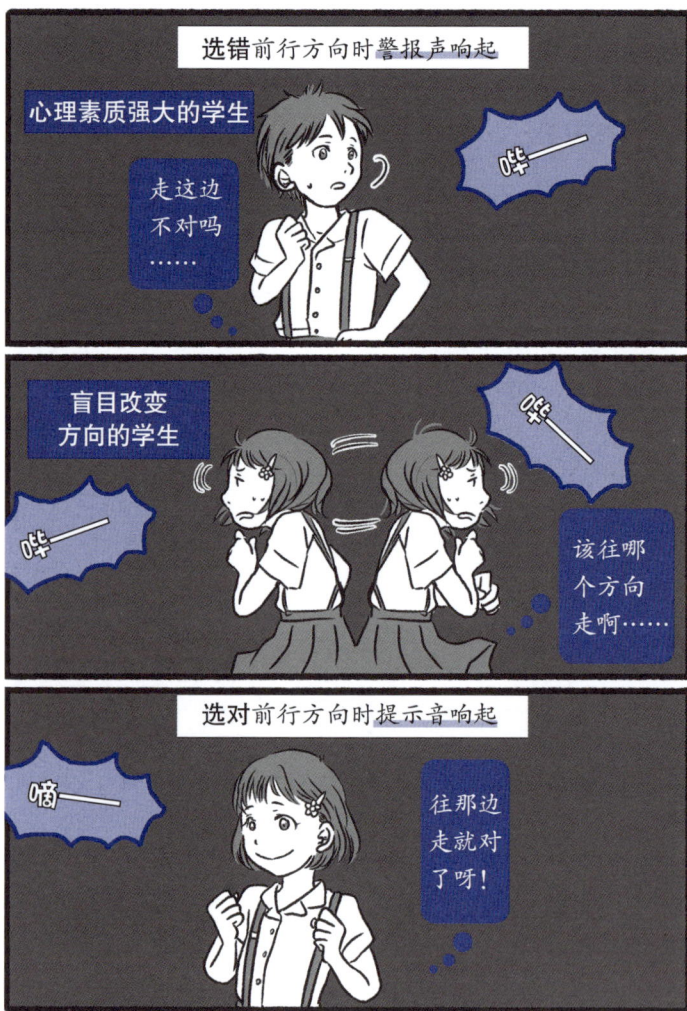

不要紧盯学生的"错误"，而要关注其"闪光点"

第八节
掌握主导权

教师应掌握班级主导权

教师掌握班级的主导权对班级管理极为重要。例如，教师因班级秩序混乱而提醒学生，却被学生反驳"真烦人啊"，这就意味着主导权掌握在学生手里。特别是在需要利用防守型策略进行管理的班级中，教师必须掌握主导权，才能引领班级趋向良性发展。

掌握主导权有以下 3 个要点。

①冷处理学生的反抗

面对学生的反抗和挑衅，教师如果当场气愤地回应："你这是什么态度！"，就说明教师的情绪被学生的态度左右了。**学生反抗教师，一定有其理由。应对这种情况，教师不要在全班同学面前质问该学生，而要过后与其单独谈话。**他可能正面临着来自家庭的压力，或在与朋友相处方面存在烦恼，因此教师最好先了解清楚学生的困扰，然后视情况与其谈心。

②无视学生的任性

在需要使用防守型管理策略的班级中，面对学生提出的"少布置一点作业吧""还有时间，再玩会儿吧"等请求，如果教师答应了，那么今后学生就有可能经常提出类似的请求。这样班级的主导权就转移到了学生的手中，从而导致教师难以管理班级。

因此，教师要尽量避免对学生"言听计从"。**教师可以在自己认为合适的时机告诉学生："还有时间，大家可以再开心地玩一会儿。"然后开始带领学生做游戏。总之，教师在班级管理中要树立掌握决定权的形象。**

③对学生的同理心要有"度"

我们在师范专业学习时经常听到这样的见解：教师要对学生抱有同理心。但我们不一定时刻都这样做。有时教师的同理心可能被学生利用，导致教师无法掌握主动权。对于有困难的学生，教师应对其抱有同理心，走近学生；然而对于提出无理要求的学生，教师的同理心可能会使他们更加任性：

学生："老师，我今天不想学习！"

教师："这样啊……你不想学习啊……"

可能会出现这样的场景。教师对学生抱有同理心是很要紧，但同时也要注意把握好"度"。

将班级情况报告到年级

许多教师在担任班主任后，往往误以为"凡事必须亲力亲为""我需要独自解决班里出现的问题"，而羞于借助其他教师的力量。不过，尤其是在经验尚浅的时候，如果不借助同事或前辈的力量，有些事可能无法顺利解决。相反，也有相当多问题，只要与他人商谈一下就可以轻松解决。每个人都会有知识盲区、烦恼之处，很正常，因此遇到困难时真诚地向其他教师请教并借助其力量并无不妥，最终目的是更好地管理班级。

但有些教师可能羞于郑重其事地请求帮助，那么可以在年级会议上汇报班级情况时顺便提出自己遇到的问题。

可以这样说：

"最近某班的 A 和 B 总是反抗老师，让我感觉很棘手。目前我已经分别找他们谈过话。

烦请各位老师以后也帮忙多留意一下，他们是否还有不当言行。"

这样的请求，既不会使自己产生心理压力，又汇报了班级的情况，而且今后一旦需要其他教师帮忙时，求助也会更容易。

此外，教师在感到自己对教导学生有些不安或信心不足时，也可以积极地向年级主任或资深教师请教。正因为所从事的是教育工作，所以大多数教师都非常乐于接受他人的请教，并且会积极为对方出谋划策。

我们没有必要因为向他人求助而感到羞愧。积极寻求其他教师的帮助，既是在保护自己所带的班级，也是在帮助自己成长，还有利于促进教师间的信息共享。

.

第四章

培养学生的学习能力

第一节
分条式讲解

每句话尽量简短

教师要使自己的讲解简单易懂，**就要做到话语简短。**

无论是在给学生下达指令时，还是在课堂上，只要是在对学生讲话，教师都要尽量做到简单明了。现在的学生在日常生活中练习"听"的机会很少，连动画片都配有字幕，因此"听懂"对他们来说很难。因此，使用简单易懂的语言，是试图引起学生注意时最重要的一点。

那么，教师怎样才能做到讲话简单易懂呢？

首先是缩减语言的量。教师应简化所讲内容，减少废话，不能信马由缰地讲。**特别危险的是"另外"一词。**我们要意识到，过多地使用"另外"一词，是不擅长讲话的表现。

"另外"是表达补充意义的词，如果我们在发言中过多地使用"另外"，就表明自己所讲内容条理性不足，更多是出于心血来潮。

例如，下面的讲话便存在这个问题。

"接下来我们要在这个公园游玩。公园很大，对吧？因此大家要在老师的视线范围内玩耍。想去厕所的话，至少两个人约好一起去。大家听到哨声就立即集合。另外，绝对不可以乱扔垃圾。啊，对了，另外还要注意，大家在游乐设施上玩耍时，不可以互相推搡，也不许打架。听明白了吗？听明白了，对吧？那么解散吧！"

如果我们这样讲，学生至少有一半的内容听不进去，可能最多在听到"公园很大，对吧"时，内心附和"是呀，好大啊"。在这种情况下，学生不清楚教师究竟想要表达什么，也无法记住冗杂的内容。

为了使讲话简单易懂，我们可以进行"分条式讲解"。

我们可以将希望学生注意的要点控制在"三点"。

这样讲话更自然。"三点"不多亦不少，可谓正合适。无论我们讲什么，都可以将其事先归纳为三点，而且每句话都要尽量简短，可以将特别长的句子拆分成两句来讲。

可以对上述教师讲话进行如下调整：

> "接下来我们要在这个公园游玩。下面我讲三点大家游玩时的注意事项。第一，一定要在老师的视线范围内玩耍。第二，去厕所时，需要至少两个人一起。第三，在游乐设施上玩耍时，要互相谦让。听到哨声后，大家再次到这里集合。解散！"

教师如果在讲话开始时就告诉学生自己要讲几点，学生就会心中有数，还会边听边在心里默念"这是第一点……这是第二点……"。因为学生完整地听完了要求，他们活动起来也更安心。因此，教师在对学生讲话时，最好注意使用分条式讲解。

第二节
保持安静

营造安静的学习环境

教师在教室里安静地工作或指导学生时，如果出现异常的声响，就容易受到干扰。按自动铅笔的声音、学生的窃窃私语等会打破教室的宁静，分散他人的注意力。

教师不能因为有些声响微不足道就选择忽视。课堂上只要出现与教学无关的声响，就表示有学生没在好好听课。会分散注意力的声响，无论是什么，都是不好的。例如教室外割草机的声音、宣传车经过时的声音等，只要一响，学生们就会被吸引，没法专心听课。有研究结果表明，如果我们边听音乐边学习，学习效果就会变差。

没有外界干扰的安静环境，有利于提升学生的注意力及学习能力。图书馆可谓是最佳的学习环境，除了空调运行时微弱的嗡嗡声，几乎没有其他杂音。**学习需要安静的环境。**

那么教师如何做才能保持教室安静呢？

杂音这东西往往最初只是个别现象，之后才逐渐扩散，影响到周围人。因此，教师需要及时批评那些未能做到集中注意力、保持安静的学生。如果放任不管，就相当于暗示学生"可以乱出声""可以说话"，课堂秩序就会随之变得混乱。关键是"头"要开好。

如果起初环境里就存在杂音，那么整个过程就有可能持续有杂音。**但如果起初环境十分安静，中途不大有可能再有人故意发出噪声。**如果教师认为"等一会儿就会自动安静下来"，那么结果很可能是课堂秩序会逐渐混乱。这时就需要暂停授课，严肃处理。

营造氛围好比拥有惯性法则，产生后便会持续下去，所以，如果想要营造安静的环境，起初便要注意。

第三节
先教后练式教学法

问题式教学法

现在的教学普遍重视学生的自主探究，以教师讲授为主的填鸭式教学法已经不再盛行，因为在填鸭式教学法中，主要是教师在传授知识，学生的独立思考能力并未得到培养。而今培养学生解决问题能力的问题式教学法逐渐受到推崇。

这种教学法的特点为：

·上课期间不用课本；

·教师不督促学生预习；

- 教师经常说"我们一起来考虑一下……的思路吧";
- 教师不直接教授新的知识点,而是引导学生自行从具体的研究案例中归纳总结;
- 鼓励学生转换思路。

问题式教学法所遵从的理念是:与重复多次被灌输的知识相比,学生对通过自主探索而掌握的知识的理解更加深刻。确实,如果学生能够专注思考某个问题,那么其对问题的理解就会更加深入;如果学生能够自行解决某个问题,那么其对解决过程的记忆就会更加深刻。

但是,事实证明这种理念似乎有些过于理想化。

- 学生通过自主探究获得知识;
- 学生通过教师指导获得知识。

有研究结果表明,二者在学习效果上并没有明显的差异。

"调查事实,发现结果"这一过程还可能给学生带来巨大的负担。**可能导致学生在调查求证的过程中耗费**

过多的精力，进而导致学生没有足够的精力去理解、消化已然明确的知识点。

例如，我们可以想象运用问题式教学法讲解运算的教学情境。学生在开始时需要绞尽脑汁推导各种运算方法，导致他们到了实际需要高效记忆运算方法的应用阶段已经精疲力竭。甚至还有可能出现这样的问题：学生通过独立思考推导出的运算方法是错误的，反而需要花费更多的时间去纠正自己的错误方法。

问题式教学法还可能存在以下不足：

· 即使对于已学的内容，也依然有学生并未完全掌握；

· 已经自行预习过或者在培训机构学习过的学生，会对相关内容失去兴趣；

· 学生意见过于多样化，教师难以统一；

· 尚未理解所学内容的学生不知所措；

· 学生在自行摸索、讨论的环节花费时间过多，导致教师讲解的时间不足；

· 无教科书式授课，学生缺少回顾课堂内容的依据；

· 无法解决高难度的问题。

问题式教学法在体育课中的应用案例

如果在体育课上，教师运用问题式教学法授课，可能出现怎样的问题呢？

假设教师提出"'单杠卷身上'动作该怎么做"的问题，学生会如何思考呢？可能有不得要领的学生回答说："用力助跑不就可以了吗？"于是会有学生为了验证这一做法从运动场的一侧奋力起跑，而其他学生也会模仿。但实际上，试图通过助跑完成单杠卷身上动作是极为错误的做法。通过助跑，惯性会向前，人体无法再向上升。在这之后教师让学生集合并汇总意见，最终学生得出了"通过助跑并不能完成单杠卷身上动作"的结论。但是有的学生可能已经在反复多次的助跑尝试中习惯了错误的做法，以至于很难再掌握正确的做法。之所以会出现这种授课法，是因为教师认为不可以直接告诉学生"不能助跑"这一知识点。因为，在学生们试错之后，再由教师花费大量时间来详细解释，这种做法看起来并不合理，学生可能会想："老师一开始就告诉我们正确的做法不就行了吗？"

这种用学生自主探索代替教师讲授的问题式教学法，可能导致错误的做法被强化的结果，从而使更多的学生无法掌握真正的要领。

先教后练式教学法

日本东京大学的市川神一教授提倡教师运用先教后练式教学法。

首先，教师先向所有人讲授课本上的显而易见的基本要点。其次，引导学生通过相互讲解和分享来夯实对要点的理解。然后，给学生布置有助于深化学习的任务，让学生解决问题、进行讨论。最后，让学生反思当日课堂上已经掌握与尚未掌握的内容，并做出自我评价。这就是先教后练式教学法的基本流程。

表面看来这是极为普通的授课方式，这种方式也确实极为常见，经常被应用在瑜伽课、游泳课中。但并非所有课都适用，如果在书法课上，教师不教授方法而向学生提问"你们思考一下这个字的写法"，可能会招致学生的不满。

先教后练式教学法在体育课中的应用案例

先教后练式教学法或许给人以填鸭式教学法之感，但是两者"教"的内容有所不同。虽然同是以教师为主体的"教"，但在先教后练式教学法中，教师在讲解过程中会与学生交流，通过学生的发言、举手情况判断学生是否已经理解。

我们依旧以前文中提到的体育课为例，讨论如何运用先教后练式教学法。

教师首先演示单杠卷身上的动作，然后让学生思考动作要领："要不要加上助跑""脚应该向前踢还是向斜后方踢"。锁定问题的重点后，学生才能有的放矢地学习，并且更容易理解。最后，教师可以把各个动作要领组合起来，给学生演示一遍。这里可以灵活把握。注意，要为学生留出足够多的时间，用于思考、自由练习所学到的技能。

"问题解决型学习"可以调动学生的自主性，看上去很好，但从另一方面来讲，它也需要学生付出无意义的努力。

有研究结果证明，特别是对学习能力不足的学生来说，自主探索虽然比填鸭式教学法更为有趣，但存在学习效果差的问题。也就是说，坚持先练后教的问题式教学法会使班级中学习能力不同的学生的差距进一步扩大。

问题式教学法受到推崇的原因

如前所述，问题式教学法在实践过程中存在一定的弊端，那么为何还会受到推崇呢？

原因在于，可能有的教师认为它更易于实施，不

需要细致地备课就可以开展。

本质上讲，真正的问题式教学法需要教师做大量准备工作。例如，教师需要对"单杠卷身上"这一教学主题进行深入研究，设计出巧妙的问题，使学生感到是自己通过一步步地推导才得出了结论，从而增强学习的信心。

但是，说得极端点，即便完全不具备相关知识，问题式教学法依然能够开展。只需先让学生尝试，说一句"让我们来讨论怎样才能顺利做到吧"就行，无须专门准备。

教师工作非常忙碌，所以也有人是为了应对这种忙碌状态才推广了这种问题式教学法。

不必拘泥于问题式教学法

笔者并非强调所有课程的学习都要以教师为主导。

如果教师发现学生的学习能力不足时，最好采取问题式教学法与先教后练式教学法相结合的方式开展教学。

　　教师过于重视学生的学习主体性而单纯地采用问题式教学法，可能导致学生获取知识的能力下降、自我成就感降低。尤其是在需要使用防守型管理策略的班级中，学生的学习能力不足，以及与他人成绩差距过大，都极有可能引发很多问题。教师如果发现自己在实施问题式教学法时存在困难，那么最好尽快从根本上调整授课方法。

　　我们没有必要因为问题式教学法占了主流，就使用这一种方法，也可以适当使用先教后练式教学法。

第四节
不留碎片化时间

📜 预想出现碎片化时间的场景

学生在等待教师分发资料时、活动提前结束时，这些时候都会产生碎片化时间。此外，碎片化的时间场景还包括：学生快速解答完问题无事可做时、学生排队等待教师阅卷时等。

课堂上一旦出现碎片化时间，班级秩序就容易变得混乱。虽然培养学生学会等待也非常重要，但在需要利用防守型策略进行管理的班级中让学生安静等待十分困难，碎片化时间的出现可能诱发其他问题。因此，教师只有一个对策——

> 不留碎片化时间。

可能有人说："分发资料时一定会产生让学生等待的时间，这是没法避免的事。"但事实果真如此吗？

我们可以设法减少让学生等待的时间，例如：在学生整理笔记时分发接下来要用的资料；在检查学生作业时，先只检查其中一道题，这样学生就不需要长时间地排队等待了。

教师需要事先预想可能出现碎片化时间的场景，提前规划好如何充分利用这些时间。

教师可以让已经写完作文的同学尝试用思维导图整理思路；教师在课堂上分发资料时，可以让学生利用这段时间两人一组交流所学内容的重点。

打发时间的行为

为什么出现碎片化时间后班级秩序容易变得混乱呢？

117

交流分析理论总结了人在多人聚集的场合可能做的 6 种打发时间的行为。

①发呆

人在发呆时会远离他人，沉浸在自己的世界中，心里想着"发一会儿呆吧……今天吃什么呢？"等。学生在课堂上发呆时身体难以离开教室，通常会表现为一动不动、陷入空想中。

②装模作样

"只是走形式，假装学习吧。"

在聚会上人们相互讲一些客套话，打发时间。这虽不会加深人与人之间的友谊，却可以使人际关系更和谐。

③闲聊

"和同学聊聊昨天看的动画片吧。"

介绍自己的兴趣爱好，聊聊最近的新闻。不单独行动，而是就某个话题与他人展开交流，话题不涉及解决现实生活中的问题。

④闯关

"让我们再试一次解答这个计算问题吧。"

将时间花在解决某个问题上。可以是解答课上的问题，也可以是与同学一起讨论，这可以增进学生间的友谊。

⑤嬉闹

"把橡皮屑撒到他的头上怎么样？"

有人可能做出令人不快的恶作剧，他们会选择捉弄熟悉的人。

⑥谈心

"我想向朋友表达感谢。"

表达自己的信任与友好，进行真挚的交流。向朋友敞开心扉，说出自己真正的愿望，交流真实的情感。

课堂上，几个学生聚集到一起。

上课时只要出现空闲，学生就有可能利用上述某种方式来打发时间。**秩序混乱的班级，选择⑤嬉闹的学生居多。**学生之所以喜欢采取这种方式，是因为可以获得"社交刺激感"。

上述 6 种行为带给人的社交刺激感是依次增强的。"嬉闹"仅次于"谈心",位居第二。学生即使因为嬉闹而被批评,也会感觉比无所事事更为充实。因此,我们在规划课堂时间时,尽量不要给"防守型班级"的学生在课堂上留出多余的碎片化时间。

做好充分准备

在给要使用"防守型管理"的班级的学生上课时,最好不要产生空闲时间。因为当他们无事可做时,为了使自己更加充实,就会想要"做游戏"。为了避免嬉闹的混乱现象出现,教师需要准备充足的、随时可用的教具或资料。对于低年级学生,教师可以备些书读给他们听,或者策划一些活动;对于中年级学生,可以为他们准备一些与同学协作的活动;对于高年级学生,教师可以准备一些小测试,做到寓教于乐。

实际可能用不到,但最好做到有备无患。这样即使授

课内容提前结束，我们也不必担心接下来该如何安排，讲

课时也无须故意拖延时间。

总之，教师需要准备充足的教材、教具。

打发时间的行为	多人聚集的场合，6 种打发时间的行为

① 发呆（刺激感最小）

沉浸在自己的世界中

今天的课会讲什么呢……

发呆

② 装模作样

做些程式化的事

请多关照！

鞠躬

③ 闲聊

不解决问题的交流

你有没有看昨天的电视剧？

看了！看了！

④ 闯关

一起攻克某项任务

喂，你知道这道题怎么解吗？

⑤ 嬉闹

令人不快的恶作剧式交流

好痛啊！住手！

⑥ 谈心（刺激感最大）

敞开心扉，进行真挚的情感交流

谢谢你一直以来的帮助。

你太客气了，我还得谢谢你呢！

从①～⑥社交刺激感会依次增强

第五节
提问时由易入难

降低学生举手发言的门槛

在你的课堂上有多少学生会举手发言呢？如果每次举手的学生总是固定的几个人，就很难说我们的课堂做到了以学生为主体。有必要让每一名学生都参与到课堂中。

日本的教学名师有田和正推崇创设**"任何学生都可以举手"**的课堂。有时教师虽然精心备课了，结果却因问题难度过大而几乎没有学生能够举手回答。尤其是，如果在课堂初始阶段就仅有少数学生可以做到举手发言，那么这之后举手的学生更会少之又少。正因为如此，教师在备课时最好准备几个所有学生都能够回答的简单问题。

下面让我们以引导学生分析图表为例来思考如何提问。

"图表中的数据体现出了怎样的变化呢？"这样提问是欠妥的，因为数据可能呈现了多种变化，学生难以回答。也就是说，问题太复杂会使学生举手发言的门槛过高。

我们不妨先这样提问：

> "这个图表的标题是什么呢？"

对于这种简单的问题，学生可以从教材中找到答案，每一名学生都可以回答，几乎全班学生都会举手。

提问时要从每一名学生都可以举手回答的简单的问题开始问起。

以此为契机，引导学生来到学习的入口："对，这是有关汽车生产量的图表。"接下来，教师便可以循序渐进地引导，逐步提高问题的难度：

> "它的横轴表示什么呢？"
>
> "纵轴表示什么呢？"

经过几轮提问，教师可以引出问题："这个图表中的数据发生了怎样的变化呢？"这时课堂氛围已经活跃，学生的注意力也都集中在图表上，举手的学生也会更多。这样一来，班级的学习氛围就会更加浓厚。

我们在最初提出简单的问题时，可以点名让平时举手次数较少的学生来回答，然后给予学生大力的表扬，以此激发他们的学习积极性。

问题的难度，要适应那些不爱举手的学生，因为万事开头难。

在课堂上能够回答出教师提出的第一个问题与从第一个问题开始就不会作答，这两种情形下学生所被激发出的学习积极性是不同的。因此，我们在课堂上提问时最好由易入难。

第六节
肯定首位举手发言者

表扬首位举手发言者的勇气

在课堂上有时会出现教师提问后无人举手发言的情况，这大多是因为教师提出的问题过难或者班级气氛紧张。这时如果有名学生自信不足地举手，作答时不仅声音小而且内容也不准确，你会如何反应呢？切记此时一定要表扬这名学生。你可以指出回答中的不准确之处。

但是一定要表扬：

> "大家都没举手，而你是第一个举手的。你特别勇敢！"

"你不怕出错地回答了问题,谁都无法保证一下子就回答正确。正是因为你举手发言了,其他同学也跟着举手了。谢谢你!"

　　"课堂就是用来出错、纠错的。不管自己能不能回答准确,你都勇于举手发言,值得表扬!"

　　我们可以这样处理这种情景。

　　我们不要纠结于学生的答案是否正确,而应着重肯定其敢于发言的行为。以此促使班级形成勇于试错的、积极的学习氛围。

第七节
时间标准法

📜 原田老师在田径训练中的实践

在授课过程中，教师需要考虑究竟要将"数量"还是"时间"作为任务是否完成的衡量标准。

中学教师原田隆史，曾经带领比赛成绩不佳的某公立中学田径队 13 次夺得日本全国冠军。他的训练方法不仅受到了田径运动员的认可，目前还被许多企业所采用。

很多田径教练以次数或圈数为单位计算运动量，如，要求学生跑 10 组 100 米。积极性高的学生、体力强的学生都可以迅速、顺利地完成任务。但体力较弱的学生，在跑完 5~6 组后就会气喘吁吁了。于是教练可能继续做出指示：

127

"已经跑完 10 组的同学再跑个 3~4 组！"这样一来，好不容易努力跑完的学生也会气馁，会想办法偷懒。体力不足的学生则会累得想要放弃。可见将数量作为衡量标准，最终不会带来理想的训练效果。

原田老师采用的是时间标准法。例如，规定学生做 3 分钟的引体向上，具体数量不限。能力强的人可能会完成 50 组，能力弱的人可能会完成 20 组。体育教师对成绩不佳的学生不予指责，但是对完成了 50 组的学生进行正向激励：

体育教师："你做了多少组？"

学生："50 组。"

体育教师："你的目标是什么？"

学生："成为全国冠军。"

体育教师："去年的全国冠军，在这个时期已经可以在 3 分钟内完成 60 组了。你打算怎样做呢？"

以此来激发学生的内驱力。

课堂上的时间标准法

　　以数量为标准衡量学生的成果往往会使学生的整体学习效率变低，而以时间为衡量标准则能提高学生的整体学习效率。课堂上也会出现与上述案例类似的场景。

　　下面我们以要求学生做计算题为例。

　　通常教师会以数量为衡量标准布置任务：**"大家做一下这 8 道练习题。"** 聪明的学生、认真的学生通常会快速完成，然后等待速度慢的学生完成。接下来教师可能会说："早完成的同学教一下速度慢的同学吧！"但这样一来，快速完成的学生就产生了碎片化时间。

　　而如果教师以时间为衡量标准布置任务：**"请大家在 5 分钟内，尽可能多地做计算题。"** 速度快的同学可能完成 8 道，而速度慢的同学可能只完成 2~3 道。等到了约定时间后，教师再根据学生的作答情况对答案，这样便不会产生等待他人的时间。

　　做题速度慢的学生可能不能完成全部问题，因此在完成题目的数量上学生之间存在差距。但他们其实无须完成所有题目，只要全心全意地参与了练习，就能使计算能力得到训练。

教师采用时间标准法可以更好地把控课堂环节的进度，提升全体学生的注意力。学生等待他人的时间为零，整个班级便可以保持良好的学习状态。

例如，在书法课上，由于字帖内容固定，通常只能按数量布置任务，但教师依旧能够运用时间标准法。我们可以灵活地提出要求，在布置好固定数量的任务后补充说："早完成的同学，在纸上空白的地方继续练习。"这样学生便可以在规定的时间内一直练习。这样也能够实现时间标准法。

但是，有时如果必须以数量为衡量标准，我们可以尽量减少题目的数量，以缩小学生间由于做题速度不同而产生的差距。题目数量越多，学生完成任务的时间差距就越大，而如果教师只布置2道计算题，那么学生做题的速度便会相差无几。如果教师布置8道计算题，可能有的学生已经完成了，而有的学生只完成了1~2道。给学生布置的任务越多，他们之间就越容易产生差距，也越容易出现等待时间。

为了保证学生的积极性，教师应尽量以时间作为任务的衡量标准。教室里需要尽可能大一些的计时器。**如果必须以数量作为衡量标准，那么可以尽量减少任务量。**如果教师可以把握好这一点，那么课堂的进度与节奏就会有所改善。

会产生碎片化时间

131

第八节
倾听"捣乱"学生的心声

"差生"不会说"我不明白"

那些智力发育正常，但学习成绩较差的学生，通常被称为"差生"。他们如果能够更加努力，也可以在学习上取得进步，但他们的学习积极性就是不够。

这些成绩落后的学生，也需要得到教师的帮助。

但这些学生不会主动说："老师，我这道题不会，您能不能给我讲一下？""这道题不会"这种话只会出自学习积极性高的学生之口。而学习成绩不佳的学生在遇到难题时，更多的是选择在课堂上做小动作，捉弄旁边的同学，呆坐着，或者与旁边的同学聊天。

被誉为"百格计算之父"的岸本裕史，对于学生在课堂上的这种"不良"表现，发表过以下观点：

"这些学生所表现出的不守纪律的言行及惹怒教师的行为，其实是他们特殊的情绪表达。他们无法用语言很好地表达出内心的郁闷，只能用自己的行动求助：'老师，让我做一些自己能够正确解答的题目吧！也让我有点只要努力就能做好的自信吧！哪怕是一点点也可以！让我也能感受到自己今天比昨天、明天比今天更优秀！'实际上他们是在用自己的行为向老师明确地表达'不要用对待普通学生的方式对待我，你对他们的要求我暂时还做不到'。但他们由于不会进行恰当的表达，只能通过反抗、偷懒、丢三落四、不努力、窃窃私语、恶作剧等消极的方式表现出来。"

如果有学生在课堂做出明显的违纪行为，教师需要注意这是否为其发出的某种"求助信号"，并进一步认真思考帮助该生的对策。

寻找可以谈心的朋友

你在痛苦、烦恼时，是否有人可以与你谈心呢？家人或同事都可以。当然对方最好是与你同校的前辈，因为他更了解学校的情况，更能理解我们的苦恼，更容易帮我们一起找到解决之道。如果在校内难以找到这样的朋友，那么也可以在校外寻找一位知心朋友。

我曾经师从一位日本新潟县的前辈，我在烦恼时会给这位老师打电话倾诉。那时我曾因所带班级的学生的问题而焦头烂额，特别是与班级中的"老大"难以顺畅沟通。如果我选择无视其不良行为，他就会变本加厉，使我无所适从、无力应对。这导致我与该生沟通的语气愈发暴躁，甚至逐渐变得不想再面对整个班级的学生。

然后我开始不断地自我怀疑："我可以与其他班级的学生相处融洽，但是为什么唯独这个班级让我无所适从？如果换作其他老师，一定可以做得更好吧？我太笨了，果然不适合当老师。而且我对不起班里那些表现良好的学生……"

我没有将这些想法向他人吐露，只是独自忍受着烦恼。在某个秋天的星期五，我终于承受不住压力，感到心里如同塞了一块大石头，于是忍不住拨通了这位老师的电话。

他听了我的叙述后安慰道："这很正常啊，遇到这样的事谁都会烦恼的。你要不要和这个学生再聊一聊？真诚地告诉他你内心的想法。"

"这很正常啊"这句话使我颇为意外。

那时我总想着管住学生，但并没有试图去理解学生，也没有试图在理解的基础上去正向引导学生。

我产生了积极的想法，决定做自己力所能及的事。

此后一周的某天，我向学生真诚地表达了自己的想法，发现他们也能够认真地倾听我的心声。在此之后，虽然班级的情况并没有发生翻天覆地的变化，但我安然地度过了带这个班的一学年，完成了工作任务。

如果你感到痛苦，那么请尽可能地向他人倾诉。

教室里通常只有学生与教师，教师是否痛苦，只有自己能切身感受。因此，很多教师都选择独自承受心理压力，直到不能正常出勤才被周围的人注意到。为了不使问题扩大化、严重化，我们遇到问题后最好能够先向人倾诉、与人商量。

让我们找到可以倾诉的人吧。

可以事先告知对方："当我感到痛苦时，希望能够向你倾诉。"有时只要想到有人可以倾诉，我们的内心就会变得强大。

第五章

识破学生的谎言

第一节
学生说谎的原因

你能识破学生的谎言吗？

学生有时会说谎，导致教师无法判断恶作剧的始作俑者，难以判明学生吵架的真实原因。他们有时即使不直接说谎，也会刻意隐瞒对自己不利的信息。学生之所以会说谎，或是为了保护自己，或是为了避免被批评。

教师有时并不具备识破学生谎言的能力。有学者做过实验，让教师观看视频并判断其中的学生是否说了谎，结果证明，教师识破学生谎言的概率约为 60%。虽说教师经常与学生接触，但依旧很难识破学生的谎言。

而教师既非警察也非检察官，明确揭穿学生的谎言并非教师的工作职责所在。如果教师一直无视学生的说谎行为，那么学生就会形成"遇到麻烦事可以通过说谎来蒙混过关"的认知，而这并不利于对学生的教育。但教师也不能妄下定论说："你说谎了。"如果学生实际上并未说谎，就会因此受到伤害。而且很少有学生在被教师质问后会如实承认："是的，我说谎了。"那么为什么有的学生会经常说谎呢？很大程度上是由于学生曾经因说谎而得到好处。

说谎很容易。 从物理角度讲，只是轻松地说句话而已。学生如果说"我因为不想做作业，所以没做"，肯定会被教师批评；但如果说"我做了，但是落在家里了"，则不一定会被批评，因为教师首先不可能亲自去学生家里确认。于是学生便会意识到："原来换个说法就可以避免被老师批评，说谎实属明智之举。"

经常说谎的学生具有自己的"生存战略"：**说谎容易，被识破难。** 因此，设法不被识破即可。但教师不能对其放任自流。

学生 "看人下菜碟"

　　学生并非对任何人都会说谎，**而是会先仔细地排查出可以对其说谎的对象，他们只会对那些可能相信自己谎言的人不断说谎。**

　　学生如果认为"这位老师不好骗"，至少不会对这位教师说谎。因此，教师要先成为不会轻易被谎言蒙蔽的人，再不断提升自己识别谎言的能力。

第二节
学生说谎时的特征

答非所问

学生在说谎时，会努力编造"真实的"证据，因为证据是让周围的人相信自己的最好的工具。

面对教师的提问，不进行正面回答的学生很可能是在说谎。例如，教师发现教室里摆放的花瓶不知被谁打破了，那么"当时是否在现场"就成了争论点。正常来说，如果教师询问："当时你在这里，对吧？"学生可能直接回答："是的，我在。"**但是有些学生却答非所问。**

通常有下列 5 种答非所问的模式。

①言及其他学生

教师："当时你在这里，对吧？"

学生："可是 A 同学也在啊！"

②试图摆证据

教师："当时你在这里，对吧？"

学生："休息时我一直在这里啊！"

③陈述无关的理由

教师："当时你在这里，对吧？"

学生："因为我想做作业啊！"

④谈及其他学生的性格

教师："当时你在这里，对吧？"

学生："B 同学总让我跟他聊天。"

⑤关心自己是否被信任

教师："当时你在这里，对吧？"

学生："您是在怀疑我吗？"

　　说谎的学生往往担心如实回答会被怀疑，因而有意避免实话实说。因此，如果学生顾左右而言他，就有些可疑了。

第三节
让学生畅所欲言

📜 说得越多，破绽越多

教师可以做到在一种轻松的氛围中自然地揭穿学生的谎言。**诀窍便是"不主动追问可疑之处"。**

教师应当先温和地与学生交谈，使其可以心情轻松地编造谎言。学生如果起初便被严厉责问，就会对教师产生戒备心，会为了防止自己被怀疑而慎重地选择措辞。也就是说，学生在心里会对教师设置警戒线，因此，教师要避免使学生意识到自己的谎言已经被识破。

学生如果认为自己已经获得了教师的信任，就会放松警惕，开始编造各种各样的谎言。说一次谎容易，但如果想要继续说，就必须不断编造新的谎言。有意编造不同于记忆的事实并不容易。测谎仪就是通过识别人在说谎时由于压力引起的生理异常来测谎的。

学生心情轻松，便有条件编造谎言，说得多了自然就会露出破绽，因此要让其不断地自圆其说。如果学生因为被追问细节问题而产生了情绪，教师不妨将满足第三者的要求作为理由以便继续谈话。例如，教师可以这样讲："这件事情特别重要，我需要向生活老师汇报。"以此向学生进行更多的提问。

你会发现学生讲得越多，陈述过程中越可能有些话前后矛盾或与事实不符。**教师可以找准时机总结学生之前的陈述，这样前后对比之下，学生陈述中充满矛盾的不合理之处就会显露出来。如果教师继续追问："也就是说，实际上是你现在描述的这样吗？"那么说谎的学生就会意识到自己话中的不合理之处已经暴露。**

至此，可以让学生承认说谎的行为。

第四节
指出话中的矛盾之处

不断重复询问

我曾经听一位律师朋友讲过，肇事逃逸的人几乎都会说谎。他们通常会说："我没想到撞到的是人。"仅凭这句话，很难立即判定他们是否在说谎。但从这句话可知，他们已经意识到自己的确"撞到了什么"，而究竟撞到了"什么"正是审讯的重点。

因此，可以进行如下询问：

> "撞到人与撞到垃圾的感觉一样吗？"
>
> "既然你知道撞到它们的感觉不一样，那么之前

> 你撞到过几次垃圾呢？"
>
> "既然你说撞到垃圾与撞到人的感觉完全不一样，那么你知道撞到人是什么感觉，对吧？"

只要不断重复类似看似普通的问题，就可以使对方在回答时出现破绽。如果对方无法回答，就说明其存在可疑之处。

教师询问学生的示例如下：

教师："你怎么没交作业？不是两天之前截止了吗？"

学生："我原来不知道要一周之内提交。"

教师："那你认为我要求大家多久提交？"

学生："一个月左右。"

教师："我们之前布置过需要一个月才能完成的作业吗？"

学生："没有……"

第五节
使学生意识到说谎为失策之举

学生之所以会说谎是因为有利可图

这一幕对话在校园中极为常见：

教师："你的作业呢？"

学生："我做了，但是落在家里了，明天再带来。"

学生确信教师不可能亲自到自己家里确认，不用担心暴露。学生这样回答，多半意味着实际并未完成作业，只想把提交日期拖延到第二天。学生在这样回答时可能也想回家后补作业，但回家后极有可能还是只做自己喜欢的事，以致下次还会用同样的谎言去搪塞。

如果教师允许学生这样重复说谎，就像是在告诉他们"遇到麻烦事，撒个谎不被发现即可"。这会导致极为严重的问题。**学生之所以会说谎是因为他们抱有"说谎话比说实话对自己更有利"的认知。因此，教师需要打破学生的这种错误认知，使学生意识到"说谎是对自己不利的失策之举"，以此来减少学生的说谎行为。**

遇到开篇的那一幕，我会这样回答学生：

> "好的，我知道你的作业落在家里了。但是你踏入社会后，如果对领导说'那份重要的文件我做好了，但是落在家里了，明天再带来'，领导会同意吗？因此，你今天先在学校里补完作业提交上来，明天再把你落在家里的那份作业补交给我，我会仔细检查的。"

这样一来，学生会大受打击，因为需要在学校和家中各完成一份作业，实际花费了两倍的精力。

在我采取这种方法应对学生的谎言后，再也没有学生说"作业落在家里了"，而是诚实地回答"因为我昨天不想做，所以没完成"，或者"我昨天有点忙，没来得及做"。

我也认同"没有必要因为作业而透支自己"。与没有完成作业相比，学生试图通过说谎以蒙骗过关的行为更需要被纠正。因此，想要避免学生说谎，就需要使学生意识到说谎会给自己带来损失，实为失策之举。

第六节
询问学生他人的行为

📜 询问学生其他同学的行为

在发生多人争吵或纠纷时，学生通常会弱化自己的责任，以说谎来掩饰自己的行为。教师要做的是：引导学生多言及朋友的行为。**在向学生确认"你干了些什么"之后，向学生询问"其他同学干了些什么"。**

一个有趣的现象是：学生虽然会用谎言来美化自己的行为，但却会如实地描述其他同学的行为。这可能是由于为了帮助其他同学而说谎对自己没有多少好处。因此，教师可以多让学生描述自己眼中其他同学的言行，这样更有利于准确地把握事实。

153

教师在处理多名学生的纠纷时，可以先要求学生依次描述其他同学的言行，再对这些信息进行组合、整理，基本上就可以勾勒出事实。

在解决多人纠纷时，你不妨按照下列步骤来处理问题：

①单独叫出某名学生；

②让该学生陈述自己的行为；

③让该学生陈述其他同学的行为；

④召集所有当事者以确认事实；

⑤考虑解决方案。

教师按照上述步骤处理学生纠纷，就不会轻易被某名学生的谎言所蒙蔽。

第七节
替学生辩解

帮学生找个台阶

在学生看来，谎言一旦说出口便无法收回，只好继续敷衍到最后。因此，我们感到学生明显在说谎时，帮其找个台阶下也不失为良策。

例如，两名学生在争论"你打我了"和"我没打"这样的问题。如果我们问这名被指控打人的学生："你真的没打他吗？"该生一定会回答："我肯定没打。"

我们可以换种方式来提问：

> "嗯，你再仔细想一想，有没有可能，你在自己也没注意到的情况下，不小心用胳膊肘碰到了他？"

重点在于强调"自己也没注意到""不小心""并非故意"等表述，"可能"也是为学生开脱的关键词。也就是说，教师要在表述时替学生辩解。

教师这样询问可以帮说谎的学生找好台阶。学生这时可能诚实地回答："嗯，听老师这么一说，我仔细想了想，可能自己也没注意到，手碰到了他。"

需要注意的是，教师即使后来发现自己在询问时的描述与事实并不相符，也不必过于自责，因为这样的提问不属于诱导性询问。说到底，教师问学生"莫非，你……了"也是一种确认式的询问，对于因不断说谎而造成无可挽回的后果的学生是有所帮助的。

第八节
让学生理解谎言会伤人

告诉学生自己的真实感受

学生在承认说谎后吐露实情，教师该如何跟进处理也是个难题。如果某学生好不容易说出了真相，却被教师严厉地批评，那么该生就会认为："要是坚持到底，不承认说谎就好了。"

在面对这种情况时，我会如实地告诉学生，他的谎言让我很伤心。

> "你现在能跟我说实话，这非常好。但是开始时你对我说谎，让我很伤心。"

教师可以通过语言与表情将自己被欺骗时的失望之情传达给学生。

认识到"谎言会伤人"，能使学生成长。

通过寒暄使家长放松

有的教师在与人初次见面时便会使人感到莫名的亲切感，使家长感到安心。这样的教师未必能言善辩、八面玲珑，他们可能只是擅长运用非语言沟通来传递信息以给人安心感。

有时一句寒暄就可以使人放松。

例如在某次家长会后，教师初次单独与家长面对面交流。此时教师往往容易紧张，而家长或许比教师更紧张。家长或许在到校的路上便不断思索："我家孩子在学校表现得好不好呢""我家孩子有没有闯祸呢""这个老师好不好沟通呢"，等等。

因此，负责接待的教师要表现得放松。 教师要通过表情、声调、动作等表现出沉稳。如果现场气氛和缓，家长的紧张情绪就能得以平复。

如果教师表现得十分拘谨，家长就会更加局促不安，甚至不免担心："这个老师可以胜任工作吗？"

这样的话，教师很难缩短与家长的心理距离，信任关系也难以建立。

　　教师能够与家长一对一交流的机会并不多，多的话每年只有 2~3 次。如果想在初次见面时就获得家长的信任，可以尝试从微笑着寒暄做起，笑容要自然生动。看似简单的动作，却能够帮助我们获得家长的信赖。

第六章

有效应对校园霸凌

第一节
直面校园霸凌

霸凌问题可能发生在任何集体当中

面对霸凌问题，普通的任课教师通常会选择尽量回避，但是班主任却必须面对。校园霸凌问题可能发生在任何一个班级中，因此每位班主任都不能心存侥幸。

心理学家泽田匡人指出：**规则意识越强的集体越容易产生霸凌问题。**所谓规则意识强的集体，是指集体内形成了一定的规则，并且全体成员都具有强烈的遵守规则的意识的集体。

例如，班级要参加合唱比赛，为此需要多名学生进行合作排练，那么其中跑调的学生便可能因为干扰排练而受到排挤。

有的学生会以"正义"之名对违反集体规则的人做出惩罚，并认为"自己在做正确的事"而从中获得快感。

他们会认为"那人说的不对""那人没有遵守集体的规则"，而自己有权"教育"对方，因而对人做出言语或肢体上的攻击。

📜 校园霸凌集体化

霸凌的学生通常会"组团"，将某个被霸凌的对象逼至绝境。

"领头"的霸凌者通常可以巧妙地操控整个团体，营造出一种"如果你不遵守规则，下一个遭到霸凌的人就是你"的紧张氛围。也许有的学生在看到有人被霸凌时曾想做些什么，但最终却只能继续袖手旁观，因为担心自己如果求助于家长或教师，便会被霸凌者团体视为帮助被霸凌者的

"告密者"，会因为无视霸凌者团体的规则而成为下一个被霸凌的对象。久而久之，学生都会出于恐惧心理而选择加入霸凌者团体。

第二节
霸凌之伤远超自然灾害

霸凌问题的严重性

被霸凌者所受到的伤害是不可估量的。**不仅是在被霸凌期间的痛苦叫人难以忍受，有些伤痛，甚至在历经几十年后仍然无法治愈。**当事人在被霸凌事件结束后，仍然无法抹去心理创伤的现象被称为创伤后应激障碍（PTSD）。患有创伤后应激障碍的人可能因为遭遇过自然灾害或目睹了犯罪而遭受了心理创伤，并长期为此感到痛苦。

遭遇霸凌所受到的心灵创伤远比遭遇自然灾害受到的伤害要严重得多。自然灾害往往是一过性的，即使这段经历在受害者的脑海中不断闪回，但素材只有同一段。

然而，霸凌给被霸凌者所造成的伤害可能并非只有一次。它可能长时间、持续地给被霸凌者造成伤害，可以持续一个月、半年、一年，甚至多年。因此，被霸凌者的心理创伤远比我们想象的更为严重。而且创伤后应激障碍患者仅凭本人的努力很难痊愈。

被霸凌者所受到的创伤不仅会影响其自身的心理健康，还会对其身体与日常生活造成影响。有的人甚至会因此无法从事固定工作，从而辛劳一生。霸凌是会影响被霸凌者一生的严峻问题。

因此，教师必须做好应对校园霸凌问题的思想准备，要预防霸凌问题的发生，一旦发生了问题就要及时处理。

第三节
容易成为被霸凌者的学生的特征

📜 容易被霸凌的学生的 5 个特征

教师需要事先意识到哪类学生更可能遭遇校园霸凌，这有助于其尽早发现问题。容易被霸凌的学生通常具有以下特征。

①身体存在劣势

身体方面存在一些劣势，如个子矮、瘦弱、力气小、口齿不清、运动能力差、尿过裤子等。

②学习成绩不好

存在学习成绩不好等学习方面的问题。

③性格特殊

不合群、老实、爱哭、没有主见、做事拖拉、自大、固执、任性、娇气、爱告状、丢三落四等。

④外表邋遢

外表方面表现为不修边幅，如着装邋遢、不讲卫生、头发蓬乱、不常换衣服和手帕等。

⑤特征明显

家境贫寒、名字古怪、使用的物品很另类、缺少其他同学都有的物品、父母的职业特殊、是转校生等。

容易成为被霸凌者的学生通常存在上述特征。其中一些原因或许会令人感到不可思议，但这也折射出了某种成人的世界观：人们通常不肯接受异于自己以及自己所属集体的人或物。**如果一名学生同时具有多个上述特征，**

那么该生很可能成为被霸凌的对象。 当然，并不是说具有这些特征的学生都会遭受校园霸凌。问题的重点并不在于具有上述特征的多少，只是上述特征越多就意味着该学生身上诱发霸凌行为的因子越多。

教师需要尽早掌握拥有上述特征的学生的动态，预防霸凌行为发生。

第四节
容易成为霸凌者的学生的特征

霸凌者也有特征

霸凌者也有相应的特征。大多数带头霸凌他人的学生都比较有人缘，身边会有 2~3 名"跟班"。这类学生属于学生团体中的"强者"，具有组建和管理团体的能力。

根据挪威心理学家丹·奥尔维斯（Dan Olweus）的分析，容易成为校园霸凌者的学生通常具有以下特征：

> ·极具攻击性；
>
> ·在男生和女生中均受欢迎；

· 对暴力持肯定态度；

· 难以控制情绪，易怒；

· 无所畏惧，坚持"自我优先"。

此外，他们的家庭状况通常具有以下几个特征：

① 缺乏亲子间的交流；

② 霸凌者没有得到足够多的关爱，曾遭受过来自
　监护人或兄弟姐妹的肢体伤害、心理伤害等；

③ 家教不严；

④ 父母及所教育子女的道德水平均较低；

⑤ 父母感情不和。

上文分析了容易成为霸凌者的学生在性格及家庭状况方面的特征，以便教师能够更好地预防霸凌问题发生。当然，霸凌者不一定具有上述所有特征。**但是具有的上述特征越多，成为霸凌者的可能性就越大。**

第五节
校园霸凌易发期

掌握校园霸凌易发期

据说每年的 5~6 月及 10~11 月是班级秩序失控与校园霸凌问题的易发期。

在此期间，日照时间发生变化，人体内被称为"镇静激素"的血清素分泌量减少，导致人的不安感增强。有些人会感到自己在这段时期内心变得更加敏感，攻击性也增强了。

此外，多数学校会在 5~6 月及 10~11 月举办运动会、文化节等大型校园活动。这些集体活动基本上都需要学生团结一致才能完成。如此一来，那些不遵守规则的学生、特立独行的学生、对班级贡献较少的学生就会突显出来。

防止学生团体意识过强

为了避免学生间产生纠纷，逆向思考的话，就是可以不让学生产生过强的集体意识。当然，这也并非要让学生间关系不和。例如，教师在策划活动时，可以将班级对抗赛改为班级汇演，以减弱学生的团体竞争意识。

教师要努力避免学生之间出现关系过于紧密的团体，导致学生"朋友圈固化"。

第六节
尽早发现霸凌迹象

校园霸凌的早期迹象

校园霸凌通常发生在不易被教师发现的地方，但是教师可以通过课堂及活动中学生的表现察觉霸凌的早期迹象。班级内的异常现象或许就是校园霸凌的早期信号，因此教师一定不能轻视。可能发生霸凌问题的迹象如下。

①学生的个体行为特征：

· 在课堂上沉默寡言；

· 在课堂上时常发呆；

· 低头避免与他人对视；

· 字迹、绘画变得潦草；

· 特别关注周围的同学；

· 上课迟到；

· 课间独自发呆；

· 桌面凌乱；

· 丢失物品增多；

· 学习兴趣下降；

· 抵触分发资料、配餐等任务；

· 独自打扫卫生；

· 迟到、早退、缺勤现象严重；

· 学习成绩急剧下滑；

· 遇到学校活动就请假；

· 在课堂上特别关注某个学生；

· 课本上出现有嘲弄或蔑视意味的涂鸦；

· 原本踏实的学生却提出了荒唐的问题；

· 考试交白卷。

②班级整体迹象：

·班级气氛沉闷；

·班级内许多学生言辞无礼；

·在课堂上，有学生发言时，其他学生会起哄；

·某个学生被其他学生孤立。

教师如果注意到班级内存在上述现象，一定不能掉以轻心，而是要慎重思考学生之间是否存在问题，以便及时预防校园霸凌发生。

第七节
有效预防校园霸凌

防患于未然

　　教师发现学生行为存在异常时，绝不可掉以轻心。教师如果发现某学生同时具备第六节中所述的多项行为特征，就需要询问该学生。

　　我们可以这样询问：

　　"老师有点担心你，你有没有什么事？"

　　"老师觉得你做……这件事，不像你原来的风格，发生什么事了吗？"

除却这种向学生单独询问的方法，我们还需要对整个班级进行教导。

因为只是有一些"迹象"，而并非已经确认存在"霸凌事实"，所以教师应从预防的角度做出恰当的指导。

> "最近，我注意到班里存在……的问题。"
>
> "我发现有同学在别人发言时起哄。"

指出事实，做出批评。

如果以警察的工作来打比方，现在并不需要进行犯罪调查，而是要进行预防犯罪发生的街头巡逻。

有些话语虽然简短，却可以预防霸凌发生。

这一过程相当于警察例行公事的盘问。警察在街头、小区内巡逻时，既要询问求助人员，也要询问可疑人员。同理，教师不仅要与疑似被霸凌的学生谈话，还要与疑似参与霸凌的学生谈话。我们可以在下课后说："A 同学，你来一下。"然后带学生到走廊，询问："刚刚 B 同学发言时，你笑得很反常，你们之间发生了什么不愉快的事吗？"

虽然大多数情况下，被询问的学生会回答"没有，什么都没发生"，以此来敷衍了事，但是这种简单的询问依旧可以起到预防霸凌的威慑作用。

上述应对策略有助于我们早发现、早解决。**如果等到被霸凌的学生或其监护人提出申请再去处理，说明霸凌已经发生，可能为时已晚。**

因此，面对校园霸凌，教师与其事后被动地做出应对，不如防患于未然。

第八节
校园霸凌的应对策略

📜 应对校园霸凌的 3 个步骤

应对校园霸凌，可分为 3 个步骤。教师应对校园霸凌，需要花费大量时间与精力。不仅要对整个霸凌事件调查取证，还不能减少对其他学生的关注，如果我们因为忙于解决霸凌问题而忽视其他学生，让他们上自习，可能会引发其他问题。

在解决霸凌问题时，班主任不能单枪匹马，而是必须寻求其他同事的帮助并向管理层汇报。霸凌并非仅靠班主任一人就能解决的简单问题。尤其是被教师调查询问的学生，事后可能有不满情绪或者反悔表现。甚至有的学生家长会对调查的教师进行追责，他们认为自己的孩子是在教师的胁迫下承认霸凌事实的。**因此，教师在对相关学生进行取证或者教导时，需要多人同时在场。**日后如果遇到纠纷，可以让在场的其他人作证，提供客观的事实证据，陈述当时教师与学生的对话。

① 分别取证

教师在收到学生或家长反映存在霸凌事件的信息后，先要确认事实。参与霸凌事件的学生可能全部在一个班级中，也可能涉及多个班级。教师要立即向年级主仟、教导主任汇报。

当霸凌事件涉及多个班级时，需要各个班主任合作还要共享信息之后分别取证。要注意如果教师不统一时间及时调查，便会为学生统一口径提供机会。

> ·第一个课间，各个班主任调查本班学生；
>
> ·第二个课间，所有班主任在办公室共享信息。

可以这样制定年级的调查时间。

如果霸凌事件仅涉及本班学生，那么班主任可以给学生布置一些如做试卷等的自习任务，并请其他教师帮忙维持纪律，然后对涉及霸凌的学生进行询问。对学生的这一步调查无法花费过多的时间，因此，教师可以将相关学生带到空教室，依次进行询问。

需要注意的是，教师在询问被指控为霸凌者的学生时，不能进行诱导性询问。

> "A 同学好像刚才遇到了一点事情。你能跟老师讲讲是怎么回事吗？"

像这样，让学生自己陈述，确认事实。可以按照"5W1H"的方法确认具体的内容。这样询问主要是为了避免遗漏事实。

教师此时询问的目的不是教育学生，而是客观地收集信息。被霸凌的学生及其家长反馈的信息可能与事实有出入，因此教师在听取学生的叙述时，要保持判断力，不能随意下结论。

·时间（When）

向学生询问"这一行为是从何时开始的"。学生很少隐瞒霸凌发生的时间，但是其口中的霸凌次数通常比实际情况要少。教师在发现霸凌者与被霸凌者所反映的信息出入较大时，需要冷静求证。可以询问："可是A同学说不是只有这几次，你该怎么解释呢？"如果学生此时拒不承认事实，教师也先不要继续深究，可以等待该学生事后回想起来再补充。

·地点（Where）

确认霸凌行为的发生地点。教师需要确认霸凌行为具体发生在哪里，如究竟是在学校里，还是放学后在公园里。

·人物（Who）

确认霸凌行为的参与者。教师在听取了被霸凌者的描述后，往往已经对参与霸凌的学生有了大致的了解。我们可以先询问霸凌行为的主导者，而该学生可能对此感到不满：明明有多人参与，而只有自己被询问。因此，教师需要与其确认："还有没有其他同学参与呢？"随后再补充一句："至于其他参与的同学，老师会单独找他们谈话。"

·内容（What）及经过（How）

确认霸凌行为的明确事实经过。如果霸凌行为情节严重、涉嫌违法，那么很少有学生会坦率地承认。例如，学生存在勒索财物或殴打他人等霸凌行为，那么他们一定会弱化自己行为的恶劣程度。

面对学生敷衍的回答，教师要继续询问：**"哦，这样啊。仅此而已吗？没有别的了吗？"** 此时教师不要怒斥学生"你是在说谎"，即使没有得到确切的答案，也不要急于过度追问。

·原因（Why）

确认事实后，要询问学生霸凌他人的原因。学生的霸凌动机至关重要，但教师往往难以从霸凌者的口中了解到真实的原因。尤其是出于觊觎他人财物或因嫉妒引发的霸凌等，当事人更不愿承认。即使霸凌是出于自己学习成绩不如别人而产生的嫉妒心，学生也不会坦率地承认，而是会找一些冠冕堂皇的理由来应付，如"是他先说我坏话的"。霸凌的动机，只有霸凌者本人最清楚，我们难以取证，因此只能先认真地倾听学生的陈述。

得到以上信息后，教师要梳理脉络。当班主任们汇总信息后，霸凌事件的全貌基本上就会水落石出。然后我们可以在此基础上与所有参与霸凌的学生集中谈话。

②集中谈话

我们可以将学生带到办公室、洽谈室、校长室等场所进行谈话，谈话过程需要0.5~1小时。我们应避免在走廊等环境嘈杂的地方与学生谈话。要让学生认识到这件事很严肃，所以要在正式的地方展开谈话。教师可能在听到学生的陈述后忍不住大发雷霆。当然，对霸凌者大加训斥并非良策。**我们可以参考刑侦剧中的情节——警察对犯人**

说:**"你是A先生吧?请跟我们到警察局走一趟。"在紧张严肃的氛围中对其进行询问。**虽然没有大声训斥,但要制造紧张严肃的氛围。

教导主任可以作为主导者发起问询。教导主任在前,其他教师在旁陪同。在了解事情经过后,教导主任可以首先发问:

> "你们是不是参与了这件事?如果哪名同学有异议,可以提出来。"

像这样,以听取的内容为基础总结并陈述:

> "你们的所作所为是赤裸裸的霸凌。如果你们是成年人,就会受到法律的制裁,而且你们的行为已经侵犯到了A同学的人权,老师绝不容忍,学校也不会姑息!"

这里要表现得很坚决,在此基础上询问学生:

> "你们是如何看待霸凌的?"

让学生依次回答：

"你们知道 A 同学遭受了怎样的霸凌吗？"

"在实施霸凌时，你们怀着怎样的心情？"

"在实施霸凌后，你们又有怎样的感受？"

"你们考虑过 A 同学的感受吗？"

"如果你们像 A 同学一样遭受霸凌，你们又会怎么做？"

我们需要引导参与霸凌的学生思考：如果自己被更为强大的人欺凌了，会有怎样的感受。如果他们多少能够理解被霸凌者的痛苦，那么谈话便起到了教育作用。

最后，要让所有参与霸凌的学生写一份检讨书。

如果时间允许，最好要求其当场写检讨书。检讨书中要包括理解被霸凌者内心的痛苦、自己的感受与歉意，以及保证今后不会再犯等内容。

此外，教师要慎重保管检讨书，最好不要主动向被霸凌者及其家长展示，因为这样做可能导致矛盾激化。毕竟让学生写检讨书的最终目的是促进其反思与成长。

至此，我们便完成了确认事实的工作。

最后在做总结之前需要对他们严厉训斥一番：

> "今天我就问到这里。但是事情还没有结束，明天午休时我再找你们谈话。这样的事情，今后绝对不能再发生，记住了吗？"

之后让学生回到教室。

班主任还要在放学后联系双方学生的家长，根据霸凌行为的严重程度，决定是否需要所有相关学生的家长到校沟通。如果不需要家长到校，则班主任要在电话中告知家长事情的发生时间、经过，并且表明今后还会继续关注此事。

③事后指导

事后指导是针对主要的霸凌学生单独进行的。

在集中谈话结束后的第二天或第三天，班主任还要再次与此次霸凌事件的"主犯"谈话，继续予以教育。霸凌事件中的"从犯"虽然同样有错，但大多可能是受到了"主犯"的影响，因此需要着重对"主犯"进行心理疏导。

人在不如意或感到无聊时容易变得暴躁，而这种暴躁有时会引发霸凌行为。**有一种问题产生机制是：心理需求无法得到满足→实施霸凌。**这是问题所在。

健康的社会环境不允许霸凌行为发生。霸凌者对此心知肚明，但还是实施了霸凌行为。**可见霸凌者处于心理状态异常的情况。**我们经常对被霸凌者进行心理疏导，而其实被霸凌者的心理状态原本就是正常的。

相反，霸凌者更需要心理疏导。因此，教师在教育霸凌者时，应该先确认其实施霸凌的动机，确认霸凌者的哪些心理需求没有得到满足，并对此提供帮助。心理疏导需要获得霸凌者家长的同意。

> "昨天，你已经和家长谈过这件事了吧。你们都聊了些什么呢？"

此后，我们开始谈话：

> "你肯定知道绝对不可以欺负同学，对吧？这种事情绝不能有第二次。老师认为找到你欺负同学的原因很重要。老师如果不了解你为什么要欺负别人、又是如何一步步使事情发展到这种地步的，那么根本问题还是无法解决。"

教师需要了解霸凌者的哪些心理需求没有得到满足，并且适当予以建议。

以此来实施对霸凌者的心理疏导。

只有未被满足的心理需求得到了回应，驱使该学生走向霸凌的负能量才能消减，霸凌问题才能被有效遏制。

关于解决校园霸凌问题，本书提供了上述建议。

虽然处理霸凌问题需要耗费大量时间，程序复杂。但是如果长时间不予处理，那么问题将会更加严重。**因此，教师一旦发现霸凌问题，必须迅速、严肃地进行处理。**为了避免给被霸凌者留下心灵创伤，班主任需要与其他教师合作。

教师要主动与家长沟通

在学生受伤、与他人发生纠纷及被教师严厉批评后，教师有时会在放学后接到其家长来电，或者在第二天收到家长留在备忘录上的指责信息。遇到这种情况，说明此时学生家长已经对教师产生了不满，并且失去了对教师的信任。

家长先从学生那里获取事件的有关信息，这容易使家长产生误解，导致问题更为棘手。为避免出现这种情况，教师最好先与家长取得联系，做好沟通工作。

学生如果在学校受伤、与同学产生矛盾、被批评等，教师需要特别关注其放学时的状态。即使学生并没有表现出令人担心的沮丧情绪，教师也最好事先打电话告知其家长。因为学生在学校期间大多会控制自己的情绪，他们可能认为在同学面前哭泣很难为情，所以选择回家后关起门来放声大哭。有的学生会一直面色难看，可能在睡前告诉家长自己的委屈。

作为家长，看到自己的孩子伤心大哭或者闷闷不乐自然会担心。但家长仅凭自己孩子的一面之词并不能准确了解事实真相，还需要教师的说明。

教师与其在被家长询问后做解释，不如事先让家长了解事实，这样更容易使其冷静接受。很少有教师因为事先主动向家长说明情况而被家长斥责。而教师如果在被家长询问后才被动地说明情况，就可能被家长误认为是在找借口。因此，面对同样一件事，教师"亡羊补牢"与"未雨绸缪"的不同处理方式，会使最终的处理效果截然不同。

事实上，教师之所以难以主动向家长说明情况，大多是出于担心自己的这一行为有"告状"之嫌。

那么我们在电话里，不妨向家长这样说明："A**同学今天在学校里做了……的事。很抱歉，因为我在学校里监管不当，导致发生了这样的事**

情。另外，我在学校里严厉批评了他（她），希望在孩子回家后您能了解一下情况，并多多关注孩子的情绪。"这样提前做好铺垫。

有的学生会在被教师严厉斥责后做出自残行为，因此教师必须及时与其家长沟通，以防意外发生。

如果我们因为忙碌而没有及时与家长取得联系，就有可能造成无法挽回的后果，导致我们后悔不已，并且要在此事上花费更多的时间与精力。

总之，事先与家长沟通是铁律。

.

第七章

有效应对班级
秩序失控

第一节
了解班级秩序失控

何为"班级秩序失控"

　　我所在的班级在升入小学六年级后，秩序开始混乱，现在已经无法回到以前的有序状态。这期间发生过很多事情，我已经记不清了，只记得其中的一幕。

　　一天我们在课堂上多次随意说话，我们班里的女生都哭了，而男生则选择顶撞老师。课程无法正常进行。

　　由于我们班的学生经常在课堂上大声说笑、大声唱歌，以至于我们班变成了老师们口中的"问题班级"，连校长在晨会上讲话时也会针对我们班，这让我很难过。

多位老师不断地对我们进行苦口婆心的教育，许多同学的家长也被叫到学校谈话。

班主任让我们在纸上写下自己内心的想法，并承诺不给其他人看，于是我便借机倾诉了很多压抑已久的心里话。但是老师最后却让我们在家长面前读自己所写的内容。

自此我对老师失去了信任，产生了叛逆情绪。我应该怎么做呢？

（1999 年 引自《朝日新闻》投稿 日本长崎县某小学一名六年级女生）

"班级秩序失控"一词于 20 世纪 90 年代后期在日本被提出，甚至在 1999 年入选了日本年度十大流行语，此后逐渐被人们所熟知。

日本文部科学省将"班级秩序失控"定义为"班级无法正常运转"。

此外，日本法政大学名誉教授尾木直树则将"班级秩序失控"定义为**"在小学阶段，一些学生会做出在课堂上随意离席走动、窃窃私语等较为自我的行为，导致整个班级在一定时期内无法正常上课"**。

"班级秩序失控"常见于小学，其主要原因是：小学的班级往往由一个教师负责。而到了初、高中，这种现象则会演变为"课堂秩序失控"。

小学阶段的班级秩序失控问题大多发生在高年级。一年级等低年级阶段的班级秩序混乱，并非因为"失控"，而是因为**"班级秩序尚未形成"**。

也就是说，易发于小学中高年级的班级秩序混乱才可以被视为"班级秩序失控"。

"班级秩序失控"的原因

一般情况下，在少数学生出现问题行为时，其他学生会指责而非认同他们。但是，在秩序失控的班级，少数学生的问题行为得到其他学生认同，很多学生都会不遵守纪律。

那么，班级秩序为什么会失控呢？

这主要源于"班主任授课制"的弊端。日本的大多数小学实行班主任授课制，即由班主任教授某个班级的几乎所有科目。在初中阶段的课堂上可能有"学生在 A 教师的课堂上很认真，但是在 B 教师的课堂上却相反"的情况。那么，在小学阶段，如果由 A 教师做班主任，便能打造一个有序的班级；但是如果由 B 教师做班主任，则难免会发生班级秩序失控的问题。有鉴于这一弊端，小学阶段的"分科授课制"自 2022 年起正式实施。我期望此举能够有效减少班级秩序失控问题的产生。

我们通常将所有课堂秩序混乱现象都视为"班级秩序失控"。但是，在具体分析后，会发现低年级与中高年级的情况有所不同，应对策略也理应不同。本章将根据不同年级的班级秩序失控现象提出相应的应对策略。

第二节

低年级的问题行为为何越来越多

个别学生的问题行为影响到整体

笔者曾经观察过某学校出现失控现象的一个班级。我发现这个班级的班主任几乎一到上课时间便会在走廊与几名学生谈话。也就是说，这位教师总是利用课堂时间处理学生在课余时间出现的问题，而忽视了其他需要正常听课的学生。在该教师谈话期间，留在教室里的学生有的在认真读书，有的在跑来跑去。这样一来，班级秩序自然容易出现问题。

每次，教师都会与学生单独沟通。学生会逐渐形成"自己出现问题的话便能得到老师关注"的认知，学生的问题行为自然会越来越多。

后来，这位教师在相关领导的指导下，改变了与学生谈话的时间，最终顺利完成了那一学年的工作任务。

那么，小学低年级的班级为何会产生秩序混乱的问题？其原因可以总结为以下 3 点。

①学生无法听到教师讲话

如果有个别学生在打闹或者大喊大叫，那么其他学生便听不到教师所讲的内容。有个别学生说"知道了"或"老师！猜猜看"，这可能导致其他学生难以听清教师说的话。学生无法听到教师的提问及要求，于是去做一些与课堂无关的事。

②学生学习受到他人干扰

有的学生在想要学习时，如果有其他学生对其说一些不相干的话语，或者物品被拿走，就会独自生气，或者进行反击，从而无法集中精力学习。

③教师只关注个别学生

如果教师只关注个别学生，班级也容易出现问题。

例如，有的学生在教室里乱跑乱跳，或在黑板上乱写乱画，教师如果只关注这一部分学生，那么其他学生则会认为自己被忽视了，只有自己也出现问题才能够得到教师的关注。学生会认为相较于被无视，被关注对自己更有利，由此就形成了通过犯错引起教师关注的错误认知。

第三节

应对低年级学生问题的 3 个策略

有针对性地指导学生

为减少小学低年级学生在课堂上的问题行为，教师可以采取下列 3 种应对策略。

①明确课堂发言规则

教师要向学生明确课堂上的发言规则。例如，举手后被点到名才可以发言，随意大声说话不会得到发言的机会，不能说与课堂无关的话，并且不能在"讨论时间"以外的时间讲话。条件允许的话，可以将课堂发言规则写到纸上并张贴在教室的醒目处。

②进行让学生学会倾听的社交技能训练（SST）

教师可以设置每周一次的特别活动时间，帮助学生锻炼社交技能。根据SST（Social Skills Training）理论，如果缺乏社交技能，我们可能在人际交往中遇到障碍与挫折。教师运用SST教学法，可以使学生掌握必要的社交技能，减少其在人际交往中遇到的障碍与挫折。学生会在该训练中学习以下内容：

· 倾听；

· 发言行为；

· 提问行为；

· 填写自我评价卡。

③对学生的进步予以奖励

针对有问题行为的学生，教师可以为他们制作奖励计划表，并对其进步予以肯定。奖励作为使学生明确自己的任务的手段，能够提高学生积极性，并更加主动地完成任务。

教师可以制作一份奖励计划表。以周为单位制作时间表，然后与学生商定一周的行动目标。

例如，学生能够按时上课，就会得到一枚贴纸；但是学生如果受到两次警告，贴纸会被收回。

此外，教师需要在每天放学时与学生回顾其当日的表现，以决定是否在表中贴入奖励贴纸。教师可以问学生："你认为自己今天第一节课表现得怎么样？"

学生可能回答："不太好。"

总之，教师需要根据制作好的奖励计划表来表扬学生。

奖励计划表需要每周更新一张。如果发现奖励计划表上的贴纸每周都在逐渐增加，教师一定要及时做出口头上的表扬。例如，告诉学生"你这一周比上周更加努力了！果然努力了就有进步！"

如果学生的问题行为得以改善，那么教师便可以停止这种方式的奖励。

奖励计划表

完成 [   ] 就能获得贴纸。

（10 枚小贴纸可换 1 枚大贴纸）

星期 课程	星期一	星期二	星期三	星期四	星期五
1					
2					
3					
4					
午餐					
卫生					
5					
6					

　　学生在明确了自己的目标并取得进步后，也可能会自行与教师沟通，表示自己已经不需要贴纸这一形式的奖励了。因此，我们在制定奖励计划时，可以将 1~2 个月设置为一个目标周期。

　　此外，教师实施奖励计划，特别需要学生家长的支持，因此事先与家长沟通再实施更为有效。如果教师每周都能收到家长的反馈信息，效果会更佳。

改善自己的教育方式

教师还需要不断地改善自己的教育方式，可以注意如下 4 个要点。

①在静止状态下提要求

教师如果一边走动一边提要求，那么学生可能难以听清，因此最好在站定后提要求。

②将要求视觉化

教师事先制作画着代表"保持安静"及"填写联络簿"等的示意图的卡片，然后在对学生提出要求后，用磁铁将相应的卡片固定到黑板上。

③每次下达一个指令

不要对学生说"拿出剪刀，然后开始剪纸"，而可以将要求分成 2 个，"让我们拿出剪刀"，待学生做好之后再对学生提出"开始剪纸"的要求。每次只提一个要求。

④将要求板书化

低年级学生很难听懂并记住教师的所有要求，因此教师可以将要求写在黑板上作为提示。例如，在教学生绘图、做手工时，教师最好将步骤写在黑板上。

第四节
中高年级班级秩序失控的原因

整个班级秩序失控

小学低年级阶段，个别学生的问题行为或连锁性的问题可能引发班级秩序混乱；但是到了中高年级阶段，班级秩序混乱通常是由多名学生共同引发的。如果这些学生的问题行为得到了其他学生的认可，那么整个班级都可能走向失控。该班的班主任可能由此变得力不从心，而且班级里可能逐渐出现霸凌等问题。

我们可以从以下几个方面来分析班级秩序失控的原因。

原因①：学生自我中心化的减弱

小学的中年级阶段是学生建立自我认知的时期。学生开始客观地认识自我在世界中的位置，开始关心他人。

在这个阶段，如果某个在班里具有影响力的学生，因表现出问题行为而不断地受到教师高压的否定式教育，那么原本关注、倚仗该学生的学生，很可能站到该学生的立场上来一起对抗教师。

原因②：问题学生的增多

教师对学生进行高压教育，可能引发学生的逆反心理，导致学生联合起来反抗、挑衅教师。班主任如果因此陷入抑郁状态，那么就更加无法教导整个班级，有很大可能会引发严重霸凌等更多棘手问题。

而在秩序失控的班级里，教师要想解决霸凌问题极为困难，因为教师相当于受到了全班学生的霸凌。

教师本身就充当着被霸凌者，又该如何拯救被霸凌的学生呢？

原因③："顶层"学生的引领性

"校园种姓"（school caste）指校园中自然产生的阶层。问题在于位居等级划分中顶层的学生。如果班级里有多名居于顶层的学生出现品行不端的问题，那么这个班级的秩序便极容易失控。

第五节
中高年级班级秩序失控的应对策略

交换授课与合班授课

教师授课能力不足、师生关系不和等容易导致班级秩序失控，但学校却不能因此轻易地更换班主任。如果班主任因此而休病假，通常会由其他教师暂时代替其工作，但是目前这种代管方案绝称不上是良好的。

此外，如果安排严厉的教师在教室后方观察，这种做法也有不足之处。当严厉的教师在场时，学生的确会遵守纪律，但是该教师一旦离开，学生便会恢复原状，并可能因此更加轻视班主任。这种对策并不能从根本上解决班级秩序失控的问题。

如果有方案能够同时满足既不更换班主任，又使其他教师更多地参与班级管理，那么它可谓是解决班级秩序失控问题的良方。如果我们为学生提供与其他班级的学生交流的机会，学生间的关系就会产生变化。

让学生与其他班级的教师与学生交流，可以让学生体会到人际关系的流动性。

教师不妨尝试采取"交换授课"与"合班授课"的方法。

交换授课是指教师间互换授课班级，到对方的班级去授课；合班授课是指教师同时教授多个班级。

以 A 小学为例。该校三年级有两个班，1 班的班主任是一位 20 多岁的女教师，2 班的班主任则是一位 40 多岁的男教师。从第一学期后半段起，1 班的课堂纪律较差，导致教师的课程无法顺利进行。这位女教师为此感到身心疲惫，但还是尽力完成了第一学期的工作。

暑假期间，两位班主任共同商讨对策，并且在校长与教务主任的帮助下，在第二学期①采取了下列方案。

---

①音乐课、美术课、体育课采用合班授课

男女教师合并为一个教学小组。男教师主要教授美术、体育，女教师则主要教授音乐。

②社会课与理科课采用交换授课

由原本的班主任各自负责本班的理科课②与社会课③，改为男教师固定教理科课，女教师固定教社会课，学生仍然在各自的教室上课。

③联合组织固定活动

两个班联合组织校外参观学习等每年固定进行的活动。

---

① 日本的学校新学年从 4 月份开始，暑假后的学期为第二学期。——译者注

② 日本学校科目之一，内容和我国的科学课差不多，主要涉及自然领域的相关知识。——译者注

③ 日本学校科目之一，内容和我国的道德与法治课差不多，主要涉及社会人文领域的相关知识。——译者注

④ 不定时地合班召开班会

两个班级共同在大教室合并召开晨会以及放学前的总结会等，以此增加两个班级的学生之间的交流。

校长在制定此方案时，综合考虑了以下几点：

· 防止学生学习能力下降；

· 努力改善 1 班学生的人际关系；

· 关照 1 班的班主任，帮助其恢复自信；

· 防止 2 班的班主任负担过重；

· 促进两位教师互相交流学生的动向；

· 获得其他教师的理解与支持；

· 告知学生家长并得到其理解。

1 班的班主任起初并不能完全理解上述方案，但在采用后，她发现自己逐渐可以轻松地完成授课工作了，并且最后顺利地完成了一个学年的工作，她的脸上也重现了笑容。在这一学年的工作结束时，她感触颇深地讲道：

"这一年我有幸得到了大家的很多帮助。我想，如果 4 月份便开始实行交换授课和合班授课，我是不是能少走很多弯路，也不给学生添那么多麻烦呢？这一年我真的学到了很多。"

从效果来看，交换授课与合班授课的确是合理之策，既能保证班主任继续带班任职，还能够借助其他教师的力量来整顿班级秩序。

交换授课与合班授课的形式可以根据班级的规模灵活变更。假设一个年级有 4 个班级，那么可以将每 2 个班级划分为一组；如果有 6 个班级，则可以将每 3 个班级划分为一组。分小组进行交换授课与合班授课，教师在工作过程中也能更加得心应手。

第六节
改善师生关系

改善师生关系问题的 3 种策略

有时班主任与整个班级的学生之间呈一定的对立状态，这可能是由于教师与学生中的一方或者双方存在问题。对此我们可以采取以下 3 种策略。

解决策略①：应对十分叛逆的学生

有的学生会对教师表现出较为强烈的逆反情绪。面对这样的学生，教师需要尽量与其单独谈话。尤其注意，在对其严厉批评或者进行否定评价后，要及时在事后进行安抚，不留"隔夜仇"。

我们可以想像学生在被批评后的一天内会如何想。

被教师斥责会让学生感到自己在同学面前颜面尽失，可能在回家后洗漱时、睡觉前依旧对此耿耿于怀，甚至在第二天起床后依然有些气愤。

学生在这种状态下来到学校，如果遇到教师向自己打招呼："嗨，早上好！"自然会在心中产生抵触情绪："什么意思？明明昨天还那样批评过我！"

学生可能在回家后依旧对自己被批评一事很纠结，因此教师最好做到在事发当日及时安抚学生。尤其是在面对逆反心理较强的学生时，教师一定要尽早帮助其疏导负面情绪。

例如，教师可以对学生说："我们可以聊聊吗？老师刚才严厉批评了你，但是希望你能理解。你如果觉得老师误会了你，或者有其他想法，都可以说出来。"教师可以利用课间或放学前的间隙与学生进行谈话。

逆反心理较强的学生，难以在短时间内调节好自己的情绪，所以在第一时间帮助其疏导负面情绪是非常重要的。

解决策略②：积极借助外部力量

抱有不满情绪的学生在多数情况下不会直接陈述不满的原因，教师有必要寻求第三方的介入。

当人际关系出现问题时，第三方介入调解，询问矛盾双方的意见，有助于快速地解决问题。

这种情形下，第三方的最佳人选是该班级的某位任课教师。如果没有这样的教师，那么也可以请求年级主任协助。

如果本人就是年级主任，则可以请求教务主任等管理层的领导以"巡视课堂"的形式介入，然后由该领导在课后询问学生。

假设由某位任课教师询问学生，那么该教师只需要在课后将当事学生叫出教室询问："前几天我从走廊经过，发现你在你们班主任的课堂上态度不太好，你跟老师之间发生了什么不愉快吗？"作为帮忙调解的教师，此时需要注意的是：不能质问学生，而是要以解决问题的态度询问。如果学生回答："没有什么特别的事"，那么该教师需要代替班主任教育学生："如果没发生什么不愉快，那么你的那种态度是不可取的。"而如果学生回答："班主任有时候偏袒某些同学"，那么帮忙调解的教师则要尽量向其详细地了解情况，然后转达给班主任。

班主任对第三方反馈的来自学生的信息或许难以接受，但是可以借此了解学生对自己不满的真实原因，在后续的工作中做到有则改之、无则加勉。

解决策略③：真诚表达反省之意

班主任在与学生出现隔阂后，根据第三方反馈的信息清楚了自己需要改进之处，应该向学生传达自己的反思。

"最近，我进行了反思。尽管我一直秉持着对大家一视同仁的原则，但是我发现自己可能做得并不够好。我作为一名教师，真心希望大家都能愉快地度过校园生活。如果我让有的同学感到不愉快，那么我在此向同学道歉。我一定会努力，让每个同学都感到自己被公平对待！"

教师可以这样对学生说。

教师既需要向学生真诚地表达反省之意，也需要继续对学生做出必要的教导。在与所带班级的学生相处不够融洽时，班主任不妨借助其他任课教师、年级主任、相关领导等人的力量，促进师生关系更加融洽。

第七节
避免打压式教育

重视"对立违抗性障碍"

有一种发育障碍是ADHD，即"注意缺陷多动障碍"（attention deficit and hyperactive disorder，ADHD），俗称"多动症"。它是一种以与年龄水平不相称的注意力缺陷、行为多动和情绪冲动为特征的行为障碍。对患者的社会活动、学业等都会产生负面影响。多发病于7岁前，然后慢性持续，其原因可能是中枢神经系统机能不全。

ADHD 患者大多同时伴有多种发展障碍，其中之一是**"对立违抗性障碍"**（oppositional defiant disorder，ODD）。50%～70% 的 ADHD 患者同时患有 ODD。**ODD 作为一种儿童行为障碍，其主体的基本行为特征是对**

父母、教师等长辈持久地表现出拒绝、违抗、对立、挑衅等行为。

该病症状表现越明显、共患病越多，病情越严重。一般来说，ODD 患者的年龄集中于 9 岁至青春期，之后患病率随着年龄的增长逐渐下降。

"对立违抗性障碍"的具体表现如下：

> 违抗："烦死了！""我正要做呢！"
>
> 拒绝："我不想做！""我不做！"
>
> 挑衅："什么？！""别的同学也做了，为什么你只批评我？"

如果患有注意缺陷多动障碍的学生同时具有"对立违抗性障碍"倾向，而教师对其施以打压式教育，那么教师在管理班级时会感到困难重重，因为打压式教育会激发这类学生的敌对情绪，他们会在课堂上做出大声喧哗、离席走动、打扰同学等行为，扰乱正常的课堂秩序。其行为甚至会被其他同学模仿，导致不认真听课的学生越来越多。

面对具有"对立违抗性障碍"倾向的学生，教师需要慎重考虑教导方式，避免打压式教育。教师在教导此类学生时需要注意以下 3 点。

要点①：提高学生的自我认同感

具有"对立违抗性障碍"倾向的学生，如果持续受到教师的否定与批评，那么其自我认同感可能显著降低。因此，教师需要对其表示认可，不断对其进行表扬。

要点②：提醒时态度坚定

面对学生的对抗，教师不应该退缩，而应态度坚定地予以提醒。例如，在数学课上，有学生迟迟不肯更换掉体育课的运动服，而是在教室里走来走去。这时教师应该用坚定的语气告诉他："现在是学习数学的时间。"明确地提醒学生应该做的事，也会使其他学生意识到"这种对抗行为并不被老师认可"。

要点③：采取迂回战术

"对立违抗性障碍"患者，对正面干预他的行为的人常持敌对态度。所以我们在教导此类学生时最好不要与其正面交锋，以免激起他们的反抗情绪，要采取迂回战术，自然地从后方接近、帮助。

教师也是人，在遭到学生反抗、挑衅时也会感到生气。但是，对于具有"对立违抗性障碍"倾向的学生，采用打压式教育并不能取得良好的效果。我们需要控制好自己的情绪，表现出自己坚定的态度。

第八节
接受现实

熬过心力交瘁期

　　班级出现秩序失控问题时，说明师生关系已经恶化。虽然可以采取某些补救措施，但是班主任如果真的感到近乎走投无路，告诉自己要**"熬过这一学年"**也不失为一种解决之策。

　　日本山口县的中村建一老师曾经将班级的师生状态比作恋爱关系：

> 　　秩序失控班级的班主任，好比恋爱中被抛弃的一方，无论是写情书还是邀请对方看电影，又或者送花，都只会被对方讨厌。学生的心只会离这样的班主任越来越远。

　　班级秩序失控，在某种意义上意味着班主任已经被学生所抛弃，无法轻易地"挽回学生的心"。因此，班主任没有必要执着于改变现状，也可以选择接受现实。

　　如果有学生在课堂上扰乱班级纪律，班主任不妨选择无视，继续淡定地讲课；下课后，直接回到办公室休息，有意与学生保持距离。班主任也可以这样坚持着"熬过"这一学年。

　　秩序失控班级的班主任就像被卷入了一种恶性循环。

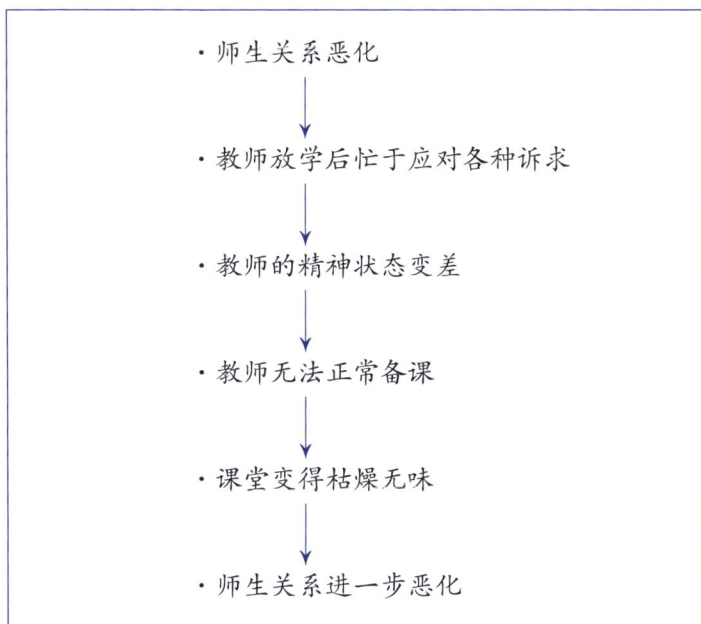

- 师生关系恶化
↓
- 教师放学后忙于应对各种诉求
↓
- 教师的精神状态变差
↓
- 教师无法正常备课
↓
- 课堂变得枯燥无味
↓
- 师生关系进一步恶化

教师一旦陷入这种恶性循环，便很难自拔。尽管班主任不能中途更换所带的班级，但是只要坚持完成当前学年的带班任务，就可以获得更换所带班级的机会，从令人纠结的关系中解脱。因此，我们需要调整好心态，接受现实并认真做好自己的分内之事，设法"熬过"这一学年。

这一学年结束后，我们可以申请不再跟随这个班级升班任教，去其他班级担任班主任。如果实在困难，我们也可以选择调职到其他学校。

你要相信：坚持度过这一学年，在之后接管其他班级时，会更加得心应手。

结　语

　　我们在带班时，既可能用到进攻型策略，也可能用到防守型策略。本书主要探讨教师在管理需要运用防守型策略的班级时，如何克服困难、如何教育学生。

　　我自己在带班时，曾经有过很多痛苦的经历，也曾经因为各种不合理的诉求而心力交瘁。在特别艰难的一年中，我偶然间读到了下面这首诗。

自　语

作者：长春美

我要成为我

需要

人生的一切

失败、辛酸、悲伤

都需要

我之所以成为今天的我

感恩有你

向恩人们双手合十

轻声低语——

谢谢

需要使用防守策略管理班级的一年，我有些痛苦。但也正是那令我痛苦的一年，让我收获了很多，学到了很多。

如果你也正好面临同样的烦恼，希望你不要过度勉强自己，而要调整好心理状态，完成一年的带班任务。

如果本书中的防守策略能为你提供些许帮助，我将感到无比荣幸。